CONTENIDO

LIBRADOS DE LA MUERTE

INTERVENCIÓN DIVINA

Una Autobiografía Espiritual

Sandra Ambriz

*Porque no podemos dejar de decir
lo que hemos visto y oído.*

DEDICATORIA

A Joshua y a Jonathan,

quienes llenan de gozo mi vida y cuya creatividad me inspira.

En este mundo nuestros caminos se podrán
separar pero no nuestros corazones.

Mi más grande anhelo es que tengamos el
mismo domicilio por una eternidad.

GUÍA DE SUPERVIVENCIA

Por lo tanto, manténganse ustedes despiertos y vigilantes, porque no saben cuándo llegará el momento. Marcos 13:33 (DHH)

Aprovechando el bello clima otoñal, Gerardo salió de cacería pensando que un día en la naturaleza era lo que necesitaba. Los problemas que había estado teniendo en el trabajo y el estrés en el hogar lo ahogaban; buscaba una distracción. Llegó al bosque Cleveland al amanecer, listo para la aventura, mas sin embargo, ignoraba la terrible desgracia que sucedería. Después de caminar por largas horas, Gerardo se hallaba agotado y deshidratado, pues no había llevado suficiente agua. Estaba frustrado; nada le salía bien. No había cazado ni un conejo tan siquiera. Se detuvo, miró a su alrededor, y no reconoció el área; se había adentrado demasiado en el bosque. El sol se ocultaba y la temperatura empezaba a declinar, de pronto, se dio cuenta de que no sabía en que dirección caminar. Buscó apresuradamente en su mochila:

—¡¿Dónde está la desdichada brújula?! —balbuceó frenéticamente, mientras vaciaba en tierra el contenido de la mochila.

Estaba desorientado. No. ¡Estaba perdido! El miedo se apoderó de él. Gerardo sabía que tenía que actuar rápidamente, necesitaba llamar la atención del guardabosques o de otros cazadores, ese día no se hallaba preparado para pasar la noche a la intemperie.

Él había escuchado de varios casos en que algunos excursionistas habían muerto de hipotermia en ese bosque, y no deseaba sufrir la suerte de ellos.

Esa tarde de octubre de 2003, en el Bosque Nacional Cleveland, en el sur de California, Gerardo (nombre ficticio) disparó una luz de bengala como su último recurso. Desgraciadamente, lo que usó para salvar su propia vida, indirectamente, les costó la vida a 16 personas. "La bengala inició un fuego forestal que duro seis días, quemó 2,400 hogares y dejó 400,000 acres incinerados". [5]

Es lamentable que parte de la tragedia, durante el incendio, se pudo haber evitado, ya que varias personas sufrieron serias quemaduras y otras fallecieron por rehusarse a evacuar a tiempo o por falta de un plan de supervivencia personal ante un desastre natural.

Con el fin de salvar vidas, el condado de San Diego ha publicado un plan de desastre personal en el que se aconseja, con relación a un incendio, tener un plano de la casa donde estén marcadas todas las vías de escape, crear un plan de emergencia y practicarlo dos veces al año. Es importante también identificar en el plano la ubicación de los cierres de los servicios públicos (gas, agua, electricidad), el extinguidor de incendios, el botiquín de suministros de emergencia y el botiquín de primeros auxilios y determinar un lugar donde los miembros del hogar puedan reunirse si se separan durante un desastre: fuera de su vecindario (como un parque comunitario o un área de estacionamiento lejos del área del incendio). Si vive en el sur de California puede registrar su número de teléfono celular y correo electrónico, para ser notificado en caso de un incendio, en Ready SanDiego.org/ es/AlertaSanDiego y descargar gratis la aplicación móvil de SD Emergency . [2]

Una vez que salga de su casa, no regrese hasta que haya pasado el peligro. Varias personas que fueron evacuadas durante este incendio forestal, (que se propagó por varias regiones de un par de condados), regresaban a sus hogares para recoger artículos y documentos de valor y quedaban atrapadas por el fuego en sus casas, ya que por el viento las llamas avanzaban a gran velocidad, o quedaban atrapadas en sus automóviles, al quedar desorientadas por el humo y no poder salir del área de peligro. Para evitar esto, se recomienda que mantengan los documentos importantes en un contenedor resistente al fuego y mantener copias en el botiquín de suministros de emergencia. También, si se da aviso de evacuación, uno debe de salir inmediatamente.

También es muy importante usar una mascarilla N95 certificada para proteger los pulmones de las perjudiciales partículas de ceniza. Recuerdo que por varios días veíamos el cielo oscurecido por el humo y la ceniza caía como llovizna suave; yo desarrollé una infección respiratoria por no usar ni mascarilla ni ninguna otra protección. Aunque nosotros no tuvimos que ser evacuados de nuestras casas, sí se nos avisó que estuviéramos listos para salir en cualquier momento; fue muy enervante ese periodo de tiempo. Afortunadamente, el viento desvío el incendio que se aproximaba y nuestro vecindario no sufrió daño alguno; mas sin embargo y tristemente, algunas casas de nuestros hermanos de iglesia fueron destruidas por las llamas y otros fueron desplazados de sus hogares por varios días a causa del peligro eminente. ¿Te encuentras preparado para una emergencia de esta índole?

Ahora, mientras escribo este libro, el mundo entero está en medio de una pandemia. La gente vive aislada sin asistir a escuelas, trabajo o iglesias; se halla en constante ansiedad, no solamente por el peligro de contraer el coronavirus (COVID-19) sino por la crisis económica que ha surgido. Pero, esto es sólo una señal de que hay un evento aún mayor que se aproxima, es real y mucho más serio que cualquier desastre natural o pandemia, y por ello, es necesario tener un plan de salvación.

Si estuvieras en un barco que se está hundiendo y llegara la guardia costera, ¿rehusarías su ayuda? Por supuesto que la respuesta a esta pregunta retórica es un rotundo no. Todos deseamos ser salvados de cualquier peligro; la realidad es que este mundo es como ese barco que se hunde y necesitamos ayuda. Estamos en peligro, pero existe un plan de salvación; lo podrás descubrir al estudiar la Biblia, la palabra de Dios. Pero ¿Se puede confiar en la Biblia?

La infalibilidad de la Biblia

Quizás no estés seguro de que la Biblia sea fidedigna; veamos los siguientes datos pertinentes acerca de este libro:

'La Biblia, (compuesta por 39 libros que forman el Antiguo Testamento y 27 libros que forman el Nuevo Testamento) fue escrita por más de 40 diferentes individuos durante un periodo de aproximadamente 1,500 años, fue escrita en tres diferentes continentes, en 3 idiomas por personas de diferentes profesiones, y a pesar de todo esto, no se contradice teológica, ética, moral, científica ni históricamente'. [2]

¿Cómo es eso posible? "Porque los profetas nunca hablaron por iniciativa humana; al contrario, eran hombres que hablaban de parte de Dios, dirigidos por el Espíritu Santo" (2Pedro1:21). El común denominador que tenían estos escritores era la inspiración divina, por eso todo encaja armoniosamente para formar en unión perfecta un mensaje de amor, la Santa Biblia.

Existen más de 300 pasajes proféticos en el Antiguo Testamento, que fueron escritos de 1,200 a 500 años antes de Cristo, que hacen referencia a Jesús y su ministerio. Jesús dijo que las Escrituras daban testimonio de Él; así que es en el Antiguo Testamento donde se pueden encontrar las pruebas de que Jesús es el Mesías, el Hijo de Dios.

Peter Stoner, astrónomo y matemático, expone un análisis matemático donde muestra que es imposible que 48 de las 300 profecías pudieran ser cumplidas, por pura coincidencia, en una sola persona. «Aplicando el principio de probabilidad, encontramos que la posibilidad de que un hombre haya cumplido solamente cuarenta y ocho de estas profecías es 1 en 10^{157} (o sea que el exponente 157 es el número de ceros)». Para que te des una mejor idea de lo que implica este número compara con esta otra notación científica ~de acuerdo con Monterey Institute.org~: Año luz: El número de millas que viaja la luz en el transcurso de un año, es alrededor de 5,880,000,000,000. La notación científica es 5.88 x 10^{12} millas.

Pero si piensas que ese número es demasiado grande para comprender ese razonamiento, tomemos el libro de Mateo, capítulos 1-3 y 27 donde se mencionan profecías cumplidas en Jesús: Imagina, que tan probable es que se cumplan todas las profecías en un solo hombre: Que uno de tres hombres haya nacido en Belén como fue profetizado (cap.2 v.6), que ese mismo hombre de los tres haya sido llevado a Egipto por sus padres para evitar que lo mataran siendo un bebé (cap. 2 v.15), que ese mismo hombre haya sido criado en Nazaret y llamado nazareno (cap. 2 v. 23) y que el mismo hombres de entre los tres haya sido vendido por 30 piezas de plata (cap. 27 v.9). Con tan pocas profecías, es simplemente improbable que por mera casualidad estas cuatro se cumplieran en una sola persona.

También, hay evidencia fuera de la Biblia que corrobora la existencia de Jesús y de su resurrección. Lee Strobel en su libro El Caso por Cristo menciona los escritos de Tito Flavio Josefo, un historiador del primer siglo, el cual cita evidencia corroborativa aparte de las Sagradas Escrituras que los relatos bíblicos son verdaderos; por ejemplo, en los escritos de Josefo, describe que el sumo sacerdote Ananías, congregó al Sanedrín, el cual era la Corte Suprema de aquel entonces, y "les trajo a Jacobo, hermano de Jesús a quien llamaban el Cristo". Jacobo fue acusado junto con otros de haber transgredido la ley y fueron apedreados (Strobel 1998, p.78).

¡Un momento! Jacobo, era hermano de Jesús, pero dice la Biblia que cuando Jesús empezó a predicar su hermano no creía que fuera el Cristo. «Y le dijeron sus hermanos: —Sal de aquí, y vete a Judea, para que también tus discípulos vean las obras que haces.— Porque ni aun sus hermanos creían en Él» (Juan 7:3, 5). ¿Cómo es que ahora Jacobo defiende a Jesús y su mensaje de tal forma que lo consideran una amenaza? La respuesta nos la da el apóstol Pablo en 1 Corintios 15:3-7 «Porque primeramente os he enseñado lo que asimismo recibí: Que Cristo murió por nuestros pecados, conforme a las Escrituras; y que fue sepultado, y que resucitó al tercer día, conforme a las Escrituras; y que apareció a Cefas, y después a los doce. Después apareció a más de quinientos hermanos a la vez, de los cuales muchos viven aún, y otros ya duermen. Después apareció a Jacobo; después a todos los apóstoles». Jacobo sabía que su hermano, Jesús, había muerto en la cruz, y después ¡lo vio vivo! Eso convence a cualquiera. Jesús es quien dijo ser: el Mesías, el Cristo, Emanuel (Dios con nosotros), el Hijo de Dios, nuestro Salvador.

Al leer los evangelios, es asombroso ver que lo que se escribió acerca de Jesús, por lo menos 500 años antes de su nacimiento, se cumpliera al pie de la letra (por ejemplo, el lugar donde iba a nacer, la forma en que iba a ser afligido y a morir, las palabras que iba a pronunciar antes de su muerte y más). En el evangelio de San Juan 19:24 vemos la escena de Jesús colgado en la cruz y a los soldados decidiendo que hacer con la ropa de Cristo:

«Entonces dijeron entre sí: —No la partamos, sino echemos suertes sobre ella, a ver de quién será. Esto fue para que se cumpliese la Escritura, que dice: Repartieron entre sí mis vestidos,

Y sobre mi ropa echaron suertes. Y así lo hicieron los soldados».

La Escritura a la que se refiere fue una predicción hecha por el rey David, en el Salmo 22:18, por lo menos 1,000 años antes de que Jesús naciera. También, 'el profeta Isaías profetizó, más de 680 años antes de Cristo', [6] que Jesús moriría entre pecadores y que rogaría por ellos (Isaías 53:12).

> «Por tanto, yo le daré parte con los grandes, y con los fuertes repartirá despojos; por cuanto derramó su vida hasta la muerte, y fue contado con los pecadores, habiendo él llevado el pecado de muchos, y orado por los transgresores».

Lucas 23:34 «Y Jesús decía: Padre, perdónalos, porque no saben lo que hacen». Por último, en el Salmo 22:16 se predice que Cristo, el Mesías, sería crucificado: «Me ha cercado cuadrilla de malignos; Horadaron (perforaron) mis manos y mis pies.»

Esto demuestra la veracidad de las profecías cumplidas en Jesucristo. Es de suma importancia creer que la Biblia es la palabra de Dios, ya que es nuestra guía de supervivencia, pues en ella encontramos el plan de salvación que nos otorga el perdón de nuestros pecados y la vida eterna.

Un futuro Predicho

Estamos en la última etapa de la historia del planeta Tierra. El libro profético de Daniel presenta esta realidad predicha alrededor de 600 años antes de Cristo.

Antes de presentarte la última predicción de Daniel que falta por cumplirse, es necesario introducir el contexto o sea la historia. El capítulo 2 del libro de Daniel, relata que el rey de Babilonia, Nabucodonosor, tuvo un sueño que lo desconcertó tanto que despertó y se le fue el sueño. A altas horas de la noche llamó a los magos, sabios y astrólogos para que le dijeran el sueño y su interpretación. Pero, ninguno de ellos pudo hacerle saber lo que el rey había soñado.

El rey estaba tan disturbado por el efecto que tuvo el sueño en él que no aceptó quedarse sin saber el misterio de ese sueño. No recordaba lo que había soñado y estaba frustrado. Así que el rey, lleno de enojo, da la orden de que mataran a todos ellos. Daniel formaba parte de ese grupo de sabios, y cuando supo lo del decreto, solicitó tiempo al rey para consultar con el Dios del cielo, Jehová; lo cual se le concedió. Les pidió a sus tres amigos que oraran también, pidiéndole a Dios la revelación del sueño para salvar sus vidas y las de los demás. Esa noche, Dios le reveló a Daniel el sueño del rey, y al día siguiente, fue llevado ante su presencia:

«Daniel respondió: —No hay ningún sabio ni adivino, ni mago ni astrólogo, que pueda explicar a Su Majestad el misterio que desea conocer. Pero hay un Dios en el cielo que revela los misterios, y él ha hecho saber a Su Majestad lo que va a pasar en el futuro. Voy a explicarle a Su Majestad el sueño y las visiones que ha tenido mientras dormía: Su Majestad se hallaba en su cama; se puso a pensar en lo que va a pasar en el futuro, y el que revela los misterios se lo ha dado a conocer. También a mí me ha sido revelado este misterio, pero no porque yo sea más sabio que todos los hombres, sino para que yo explique a Su Majestad lo que el sueño significa, y que así Su Majestad pueda comprender los pensamientos que han venido a su mente.

En el sueño, Su Majestad veía que en su presencia se levantaba una estatua muy grande y brillante, y de aspecto terrible. La cabeza de la estatua era de oro puro; el pecho y los brazos, de plata; el vientre y los muslos, de bronce; las piernas, de hierro; y una parte de los pies era de hierro, y la otra de barro. Mientras Su Majestad la estaba mirando, de un monte se desprendió una piedra, sin que nadie la empujara, y vino a dar contra los pies de la estatua y los destrozó. En un momento, el hierro, el barro, el bronce, la plata y el oro quedaron todos convertidos en polvo, como el que se ve en verano cuando se trilla el trigo, y el viento se lo llevó sin dejar el menor rastro. Pero la piedra que dio contra la estatua se convirtió en una gran montaña que ocupó toda la tierra.

Éste es el sueño. Y ahora voy a explicar a Su Majestad lo que el sueño significa. Su Majestad es el más grande de todos los reyes, porque el Dios del cielo le ha dado el reino, el poder, la fuerza, el honor y el dominio sobre todos los lugares habitados por hombres, animales y aves; él lo ha puesto todo bajo el poder de Su Majestad, que es la cabeza de oro. Después del reino de Su Majestad habrá otro reino inferior al suyo, y luego un tercer reino de bronce, que dominará sobre toda la tierra. Vendrá después un cuarto reino, fuerte como el hierro; y así como el hierro lo destroza todo y lo destruye, así ese reino destrozará y destruirá a todos los otros reinos.

Su Majestad vio también que una parte de los pies y de los dedos era de barro, y la otra, de hierro; esto quiere decir que será un reino dividido, aunque con algo de la fortaleza del hierro, pues Su Majestad vio que el hierro estaba mezclado con el barro. Los dedos de los pies eran en parte de hierro y en parte de barro, y eso significa que el reino será fuerte y débil al mismo tiempo. Y así como Su Majestad vio el hierro mezclado con el barro, así los gobernantes de este reino se unirán por medio de alianzas humanas; pero no podrán formar un solo cuerpo entre sí, como tampoco puede el hierro mezclarse con el barro.

Durante el gobierno de estos reyes, el Dios del cielo establecerá un reino que jamás será destruido ni dominado por ninguna otra nación, sino que acabará por completo con todos los demás reinos, y durará para siempre. Eso es lo que significa la piedra que Su Majestad vio desprenderse del monte, sin que nadie la hubiera empujado; piedra que convirtió en polvo el hierro, el bronce, el barro, la plata y el oro. El gran Dios ha revelado a Su Majestad lo que va a pasar en el futuro. El sueño es verdadero, y su interpretación, cierta. Entonces el rey Nabucodonosor se puso de rodillas delante de Daniel, inclinó la cabeza hasta el suelo y mandó que le ofrecieran sacrificios e incienso.» Daniel 2:27-46 (DHH).

Predicción cumplida y un futuro por venir

Como puedes ver, esta información fue dada al rey Nabucodonosor para mostrarle el futuro del mundo. La cabeza de oro representaba al reino de Babilonia (dentro de este periodo de tiempo se dio la predicción de reinos futuros, 605-539 a.C.), el pecho y los brazos de plata representaban al reino de Medo-Persia (539-331 a.C.), el vientre y los muslos de bronce a Grecia (331-146 a.C.), las piernas de hierro a Roma (146 a.C.- 476 d. C.) y los pies de hierro y de barro a naciones divididas (mundo actual). Y el último reino está por venir, el reino de Dios representado por la roca que golpea los pies; 'se establecerá y durará para siempre'. (Holman, p. 1302).

La historia lo confirma y si todo lo predicho se ha cumplido, entonces el final también se cumplirá. Cada reino sucedió en el orden y en el tiempo indicado, lo cual fue predicho cientos de años antes de que aconteciera. Si Cristo viene por segunda vez, necesitamos un plan de salvación. Tú yo, y todo ser humano, necesita un Salvador.

Posiblemente digas dentro de ti, ¿de qué necesito yo salvación? Consideremos la siguiente situación en las palabras del evangelista Jay John: Imagínate que Dios te presenta un video de tu vida; este incluye todo lo bueno y malo que has dicho y hecho en público y en oculto, incluyendo cada pensamiento que es ofensivo para Dios. Ahora imagina que esa misma película de tu vida privada la muestra tanto a la gente que te conoce bien como a desconocidos. Posteriormente, y basado en lo que se halla en el video, se decidiría si eres culpable o inocente. ¿Cuál sería el veredicto?

Cuando nos comparamos con un Dios puro y santo, nadie alcanza el estándar de pureza que Dios demanda. «Por cuanto todos pecaron, y están destituidos de la gloria de Dios...». Nadie se puede salvar por sus buenas obras. Necesitamos a un Salvador, a Jesucristo. «Porque por gracia sois salvos por medio de la fe; y esto no de vosotros, pues es don de Dios; no por obras, para que nadie se gloríe» (Efesios 2: 8, 9).

¿No desearías que todos tus errores fueran borrados? Desafortunadamente, no se pueden desaparecer las consecuencias de nuestras equivocaciones, pero sí se pueden perdonar todos los pecados escritos en el Libro de Memorias que se halla en el cielo. Apocalipsis 20:12 dice: « Y vi a los muertos, grandes y pequeños, de pie ante Dios; y los libros fueron abiertos, y otro libro fue abierto, el cual es el libro de la vida; y fueron juzgados los muertos por las cosas que estaban escritas en los libros, según sus obras».

El pecado demanda muerte, porque dice la Santa Escritura en Romanos 6:23; «porque la paga del pecado es muerte, mas la dádiva de Dios es vida eterna en Cristo Jesús Señor nuestro».

La Salvación

Que preciosa promesa nos dejó Jesús; Él volverá por aquéllos que hayan aceptado el regalo de su sacrificio y lo hayan reconocido como su Salvador personal. Si deseas que tus pecados sean perdonados y que el Espíritu Santo viva en ti, acéptalo. No te estoy hablando de una religión sino de una persona, Jesús, quien te ama como nadie jamás te ha amado ni te amará. Solamente Él puede llenar ese vacío que hay en tu alma; Jesús te acepta tal y como eres y en la condición en la que te encuentres. ¿Dudas de su amor? Mira la cruz.

Jesús eligió tomar tu lugar para que tú no tuvieras que sufrir la segunda muerte, que es eterna. El aceptar a Jesucristo nos reconcilia con Dios, ya que el pecado nos ha separado de Él. En Isaías 1:18 puedes escuchar la tierna voz de tu Padre Celestial hablándote:

« El Señor dice: Vengan, vamos a discutir este asunto. Aunque sus pecados sean como el rojo más vivo, yo los dejaré blancos como la nieve; aunque sean como tela teñida de púrpura, yo los dejaré blancos como la lana» (DHH).

Confiesa tus pecados solamente a Dios, pide perdón y arrepiéntete; acepta por fe la gracia, el regalo inmerecido del perdón de tus pecados. Acepta el sacrificio de Jesucristo de haber tomado tu lugar y muerto por ti para que tú tengas vida eterna. No importa lo que hayas hecho en tu vida. Después de orar, acepta por fe que ya has sido perdonado y decide buscarlo cada día mediante las Escrituras para que el poder transformador del Espíritu Santo haga su obra en ti.

«...He hallado a David hijo de Isaí, varón conforme a mi corazón, quien hará todo lo que yo quiero» (Hechos 13:22), Si Dios se refirió al rey David en estos términos aún sabiendo que él cometería adulterio y asesinato, entonces podemos tener la plena confianza de que nos perdonará a nosotros también nuestros pecados, pero solamente si nos arrepentimos de corazón, como lo hizo David.

Si deseas aceptar a Jesús como tu Salvador personal, haz la siguiente oración de forma sincera:

Dios mío:

Reconozco que soy pecador. Por favor, perdona todos mis pecados; te entrego mi vida. Acepto que Jesús es el Hijo de Dios, que murió por mí para darme vida eterna, que resucitó y que vendrá otra vez. Acepto a Jesús como mi Salvador. Amén.

Anécdotas

de Intervención Divina

¿Cómo se relaciona el cielo con este mundo, contigo, de forma personal?

Si miras hacia atrás, es muy posible que puedas reconocer en tu pasado las huellas de la presencia de Dios en tu vida, algunos le llaman coincidencia. En mi experiencia, no lo es, pero en varias ocasiones Dios ha actuado de forma incomprensible. La verdad es que nadie entiende la mente ni los designios de Dios. Pero, debemos tener la seguridad de que todo lo que permita que suceda, aun sin nosotros entender, es porque Él tiene en la mira un fin mayor y mejor que el que nosotros podamos prever. «Porque mis pensamientos no son vuestros pensamientos, ni vuestros caminos mis caminos, dijo Jehová» (Isaías 55:8).

A continuación encontrarás anécdotas sencillas de mi vida y otras extraordinarias historias bíblicas, pero todas ellas son verdaderas intervenciones divinas que espero despierten en ti la inquietud de saber más, no de religión, sino de un Dios real.

¡AYÚDENME!

El Señor te protege de todo peligro; él protege
tu vida. (Salmo 121:7 DHH).

Era una noche muy fría de invierno. Vivíamos en un fraccionamiento en desarrollo en una ciudad de Baja California, México; así que, en ese entonces, no teníamos agua potable por tubería, ni baño dentro de casa, ni sistema de calefacción. Era una casa humilde de bloque que con mucho sacrificio mis padres estaban construyendo. Aunque teníamos un patio grande donde jugábamos alegremente, la casa tenía solamente una recámara, una sala y una cocina-comedor. Era tiempo de vacaciones, así que nuestros padres nos permitieron ver televisión con ellos pasada nuestra hora de dormir. Mi padre, un hombre de buen corazón, quiso hacer placentera la noche para sus hijos. Y, como no teníamos un calentador, puso un asador pequeño con carbón en medio de la pequeña sala. Fue una noche estupenda, todos estábamos juntos disfrutando tranquilamente del ambiente tibio, acurrucaditos en el sofá, mientras mirábamos una película de dibujos animados de Walt Disney.

A las nueve de la noche, sin imaginar el peligro que acechaba, nuestros padres, mi hermano Chuy de nueve años, mi hermana menor de seis años y yo de ocho, nos fuimos a dormir, todos juntos a la misma recámara. Mi papá salió al baño, que estaba afuera de la casa, mientras nosotros nos acostábamos y decíamos nuestras oraciones. Entre las dos y tres de la madrugada, mi mamá escuchó entre sueños a mi hermana que estaba vomitando, y cuando se levantó para encender la luz, cayó al suelo inconsciente. Yo me desperté al sentir movimiento y al escuchar la voz de mi padre tratando de despertar a mi mamá. No entendía lo que pasaba; mi hermana estaba enferma y lloraba, mi papá seguía tratando de hacer volver a mi mamá, mi hermano seguía dormido en la parte de arriba de la litera. Así que yo me quise levantar, pero fue lo último que recuerdo; caí también desmayada al suelo.

—¡Vecino! ¡Necesito ayuda! ¡Ayúdenme, por favor!—gritaba mi padre con desesperación mientras tocaba insistentemente la puerta de la casa de al lado.

Me despertó el frío de la noche y me di cuenta de que todos estábamos afuera de la casa. Mi padre había ido con el vecino en busca de ayuda para sacarnos a todos para que respiráramos aire puro. ¿Qué había sucedido? Habíamos sufrido una intoxicación por monóxido de carbono. El que mi papá haya salido de la casa antes de acostarse, nos salvó la vida, ya que purificó sus pulmones y su sangre, de otra forma es muy probable que toda la familia hubiera sufrido una 'muerte dulce'. Esto sucede, ya que el monóxido de carbono impide que la sangre transporte el oxigeno a los tejidos del cuerpo y, especialmente, al corazón y al cerebro, lo que puede ser mortal.

Definitivamente, "todo tiene su tiempo...y tiene su hora" (Eclesiastés 3:1). Y, no era nuestra hora todavía; Dios intervino para salvar nuestras vidas. El Señor tiene un plan para cada uno de nosotros... Él también tiene un plan para ti.

A veces Dios trabaja de forma sutil, usando a personas o circunstancias y otras veces de forma milagrosa, como en el relato a continuación. Lee y encontrarás una verdad que puedes aplicar a tu vida.

¿QUIÉN, YO?

«Jehová no mira lo que mira el hombre; pues el hombre mira lo que está delante de sus ojos, pero Jehová mira el corazón». (1 Samuel 16:7)

Después de cuarenta años de paz, el pueblo de Israel, estaba viviendo una situación precaria; sus enemigos, los madianitas, los oprimían. Se le permitió a ese pueblo enemigo levantarse en contra de ellos porque Israel se había rebelado, le había dado la espalda a Dios haciendo lo contrario a las leyes y estatutos divinos. Israel había abandonado a Dios y ahora adoraba ídolos. Ésta era la situación de Israel, pero a pesar de eso, Dios no se había olvidado de ellos. De igual forma, no se olvida de nosotros aunque lo rechacemos. Él da segundas y terceras oportunidades.

El libro de Jueces capitulo 6 nos cuenta que los madianitas y los amalecitas venían en una cantidad innumerable y acampaban frente a ellos para devastar la tierra; pues, «destruían los frutos de la tierra...y no dejaban que comer en Israel, ni ovejas, ni bueyes, ni asnos». Por siete años habían estado sufriendo estos ataques, hasta que «los hijos de Israel clamaron a Jehová». Puede ser que tú también tengas ya mucho tiempo sufriendo en silencio y necesitas una intervención divina. Clama a Dios.

Eso es lo que hizo el pueblo de Dios, pidió con vehemencia la intervención del Señor, y Él respondió. La historia bíblica cuenta que 'el ángel de Jehová se le apareció' a Gedeón, el cual por temor a los madianitas sacudía el trigo en un lugar escondido.

«Jehová está contigo, varón esforzado y valiente»—fue el saludo del ángel.

Gedeón no se asustó sino que le preguntó el motivo por el cual les estaban pasando esas cosas: el acoso y abuso de los madianitas. No entendía por qué Dios los había desamparado.

«Y mirándole Jehová, le dijo: Ve con esta tu fuerza, y salvarás a Israel de la mano de los madianitas. ¿No te envío yo? Entonces le respondió: Ah, señor mío, ¿con qué salvaré yo a Israel? He aquí que mi familia es pobre en Manasés, y yo el menor en la casa de mi padre. Jehová le dijo: Ciertamente yo estaré contigo, y derrotarás a los madianitas como a un solo hombre »(Jueces 6:14-16).

Gedeón se sentía incapaz de hacer tal hazaña que se le encomendaba. Él no era soldado, era joven y no tenía el entrenamiento, ni los recursos para hacerlo. Pero Dios veía el potencial que había en él; solamente necesitaba creer que Dios no lo iba a abandonar. Dios pelearía su batalla.

Probablemente haya duda en tu corazón como la hubo en la de Gedeón, pero recordemos que el que no arriesga, no gana. El pudo haberse negado por miedo o simplemente no creerle, pero se hubiera perdido una gran bendición en su vida. Gedeón deseaba un cambio, mas le faltaba la fe. Dios sabiendo esto le reafirmó, «Jehová le dijo: Ciertamente Yo estaré contigo». Gedeón luchaba con la incredulidad, así que le pidió una señal de que en realidad tendría la victoria, y aunque no siempre da señales, esta vez, Dios se la dio. Antes de que Dios los librara de sus problemas, en este caso los madianitas, le pidió a Gedeón que derribara los dioses que su padre y la gente adoraban. El pueblo de Israel adoraba a Baal y a Asera, recordemos que se habían apartado de Dios, pero El Eterno añoraba volver a tener el primer lugar en sus corazones y en sus vidas. ¿Por qué no permitirle a la gente que pudiera hacer lo que quisiera? ¿Por qué Dios tenía que exigirles adoración solamente a Él? Algunos piensan que Dios quiere limitarlos y quitarles su forma de diversión; piensan que exige demasiado, como un padre autoritario. Mas sin embargo no es así; nuestro Padre Celestial no tiene los defectos que tal vez tenga nuestro padre terrenal. La esencia de Dios es amor y eso lo mueve a protegernos, de otra manera nos autodestruiríamos. Muchas de las penas y de las enfermedades que sufrimos nos las hemos acarreado nosotros mismos por el estilo de vida y las decisiones que tomamos. Dios sabe lo que es mejor para nosotros.

Israel había sido advertido que no se acercaran ni aprendieran de los pueblos paganos. La adoración a Baal y a Asera, el aspecto femenino de ese dios, incluía la prostitución y los sacrificios de niños. El pueblo de Dios había cambiado al verdadero Dios por los Baales. Al principio, los israelitas rendían culto a estas deidades paganas en busca de prosperidad en sus cultivos y en sus ganados. Posteriormente, su deseo carnal era lo que los motivaba a esa adoración, habían aprendido de los pueblos circunvecinos y habían aceptado el baile y la música como un preludio a un comportamiento inmoral. La danza sensual de la fertilidad tenía el propósito de despertar a Baal a fin de que los bendijera con lluvia. Esto demuestra que cuando uno se aleja de Dios, puede llegar a caer muy bajo.

Gedeón tuvo miedo de destruir esos ídolos enfrente de la gente, así que lo hizo de noche con la ayuda de diez hombres, siervos de su padre. Después de esto, Dios actuaría a favor de su pueblo una vez más. Las Sagradas Escrituras mencionan que «el Espíritu de Jehová vino sobre Gedeón, y cuando este tocó el cuerno, los abiezeritas se reunieron con él. Y envió mensajeros por todo Manases, y ellos también se juntaron con él; asimismo envió mensajeros a Aser, a Zabulón y a Neftalí, los cuales salieron a encontrarles» (Jueces 6: 34,35) Mas sin embargo, Dios no quería que Gedeón creyera que por su propia fuerza había ganado la batalla; quien pelearía sería Dios mismo y Él quería que todos supieran que Él es el Dios Todopoderoso a quien deben de ir en busca de ayuda, y no a los ídolos. Así que de los veintidós mil hombres que se habían reunido con Gedeón para pelear contra los madianitas, Dios solamente permitió que se quedasen trescientos hombres, al resto lo envió de regreso a sus casas.

Sabiendo Dios que Gedeón estaba temeroso, le dio una prueba más de que tendría la victoria esa noche. «Jehová le dijo: Levántate, y desciende al campamento; porque yo lo he entregado en tus manos. Y si tienes temor de descender, baja tú con Fura tu criado al campamento. Y oirás lo que hablan; y entonces tus manos se esforzaran...»(Jueces 7:10,11) Y Gedeón vio a los madianitas y a los amalecitas que se extendían en multitud y sus camellos eran innumerables, pero escuchó a un hombre contándole a su compañero un sueño que había tenido. Y su compañero lo interpretó: «Esto no es otra cosa sino la espada de Gedeón, hijo de Joás, varón de Israel. Dios ha entregado en sus manos a los madianitas con todo el campamento»(Jueces 7:14). ¡Increíble! Dios le había dado ese mensaje a Gedeón para darle confianza y valor a través de la boca de su enemigo.

Esa misma noche, Dios le dijo a Gedeón que se quedaran quietos en su lugar; ellos no pelearían sino el Espíritu de Dios. Y así fue, Jehová hizo que se confundiera el ejército enemigo y que se mataran los unos a los otros mientras que los trescientos hombres que seguían a Gedeón solamente tocaban trompetas, como Dios lo había ordenado. Gedeón dividió los trescientos hombres en tres escuadrones y les dio a todos una trompeta, un cántaro vacío con una tea ardiendo dentro del cántaro. Se les había dicho que a la señal de Gedeón debían de romper los cántaros y gritar: "¡Por la espada de Jehová y de Gedeón!" Dios peleó la batalla por ellos porque obedecieron.

Quizás tú no te consideres valiente ni capaz de hacer algo grandioso que impacte la vida de otros; a lo mejor piensas que eso es para alguien más, no es para ti. Pero, no es así, si tú realmente deseas hacer un cambio en tu propia vida o dejar una huella en el mundo, pídele a Dios que te muestre qué hacer y cómo llevarlo a cabo, pero necesitas hacer el intento de conocer a Dios y Su voluntad.

Cuando nosotros estemos listos para obedecer al Señor, Él nos dará la victoria que necesitemos, tal y como se la dio a Gedeón y al pueblo de Israel. A través de las edades, Dios hace un llamado a seguirlo; está en nosotros el aceptarlo. Permíteme contarte como fue que me llamó a mí.

ÉL ME LLAMÓ POR MI NOMBRE

El Señor… es paciente para con nosotros, no queriendo que ninguno perezca, sino que todos procedan al arrepentimiento. (2 Pedro 3:9)

Nací en un hogar con creencias católicas. A pesar de que dejamos de asistir a la iglesia cuando era niña y que no leíamos la Biblia, mi madre y mi abuela me inculcaron respeto hacia Dios, y lo admito, miedo a ser castigada por Él. Todavía recuerdo sus palabras: —Pórtate bien o te va a castigar Dios. Yo veía a Dios como a un ser demasiado lejano; alguien con quien no me podía relacionar. Por eso, sentía que era más accesible hablar con su hijo, Jesús o con la Virgen María. No recuerdo todas mis peticiones a Jesús durante toda mi niñez, excepto una: —Por favor, haz que mi mamá deje de tomar cerveza— imploraba con angustia cada noche y a veces con lágrimas.

En mi adolescencia, definitivamente, me olvidé de Dios por varios años, mas sin embargo Él no se olvidó de mí. Un día estaba sola en la sala de mi casa y vi por la ventana que llegaron dos hombres jóvenes. Uno me hizo la seña de que saliera. Lo hice, y para mi sorpresa, no me hablaron de su religión, ni me dieron ninguna revista religiosa; lo único que me pidieron fue permiso para orar por mí. Accedí, oraron y se retiraron. No recuerdo lo que dijeron, pero al poco tiempo, empecé a tener un intenso deseo de buscar a Dios.

Los domingos invitaba a mi hermana Eli a ir conmigo a la iglesia. Después, continué yendo yo sola; quería ardientemente conocer más de mi Padre Celestial. Oraba pidiendo su dirección: —Padre, por favor guíame hacia la verdad. Sé que hay muchas religiones, guíame hacia ti, hacia la verdad. Pasaron meses, y un día en la iglesia católica al escuchar las estrofas de un canto, sentí... más bien, supe que Dios me estaba llamando... ¡por mi nombre! Jamás había sentido antes la presencia de Dios hasta que escuché Pescador de Hombres (Gabaráin, 1974):

"Tan sólo quieres, que yo te siga. Señor, me has mirado a los ojos, sonriendo has dicho mi nombre (en ese instante, susurró mi nombre en mi mente) *junto a Ti buscaré otro mar"*.

Dejé de asistir a la iglesia Católica. Seguí orando como por un par de años, pero Dios contestó mi oración, 'guíame hacia la verdad'. «Jesús dijo: ¨Yo soy el camino, y la verdad, y la vida"» (Juan 14:6). «Santifícalos en tu verdad, tu palabra es verdad» (Juan 17:17).

MI ENTREGA A JESÚS

*Su aspecto era como un relámpago, y su vestido
blanco como la nieve.* Mateo 28:3

Era la primavera de 1987, me encontraba por primera vez en un avión, iba rumbo a Santa Rosa, California. Era mi primer año de universidad y viajaba hacia a una conferencia con un grupo de estudiantes y un maestro. A mi lado estaba una compañera de clase que era cristiana. Ese mismo día, ella me regaló mi primera Biblia, el Nuevo Testamento, de bolsillo. Yo anhelaba conocer a Jesús, sentía que Dios me estaba llamando, pero no sabía dónde ni cómo encontrarlo. Yo había estado orando por más de dos años para que Dios me guiara a la verdad.

Mi amiga me permitió sentarme junto a la ventanilla, ya que era mi primer viaje en avión. Mi novio, que ahora es mi esposo, fue a despedirme al aeropuerto y se quedó allí esperando a que el avión despegara. Veinte minutos después de que todos los pasajeros estuvieron a bordo, nos dijeron que el avión sería revisado porque parecía haber un mal funcionamiento en uno de los motores. Diez minutos más tarde, se pidió a los pasajeros de San Francisco que descendieran y abordaran otro avión; ese mismo proceso se repitió dos veces con otros grupos de pasajeros, hasta que sólo nuestro grupo de la universidad permaneció a bordo.

Nos dijeron que el avión despegaría muy pronto. Pero ante tal anuncio, todos sentimos que era un mal augurio para nuestro grupo viajar solo en un avión con un posible defecto; todos estábamos nerviosos, sobre todo porque durante ese año había habido un par de accidentes aéreos. Mi compañera me dijo: —No sé lo que vas a hacer tú, pero yo voy a orar. Y en ese momento, se retiró a un asiento aislado y comenzó a orar. Miré a mi alrededor y vi a todos hablando nerviosamente unos con otros; así que seguí su ejemplo. Cerré los ojos y dije: —Señor, si me proteges durante este viaje y me traes de vuelta a salvo, te prometo que viviré para ti, te doy mi vida—. Mi novio, al ver a través de la ventana del aeropuerto que el avión no despegaba, se dio cuenta de que algo andaba mal y también oró. Después de unos minutos que parecieron horas, finalmente, nos pidieron que abordáramos otro avión.

Me sentía un poco nerviosa, así que para calmarme empecé a leer mi pequeña Biblia. Estábamos volando a través de las nubes mientras yo leía los primeros capítulos del libro de Mateo; era tan emocionante leer la palabra de Dios. Entonces, miré por la ventana. La vista era hermosa, ya que el sol hacía que las nubes se vieran aún más blancas...De pronto, sucedió...

Algo me llamó la atención; ¡no podía creer lo que estaba ante mis ojos! Había una figura humana a lo lejos; su ropa tenía la forma de una túnica larga que resplandecía mucho más que las nubes blancas iluminadas por el sol; de la piel de la cara, las manos y los pies emanaba una luz pura y brillante como un rayo. Mirar al sol directamente lastima los ojos, pero el mirar esa luz tan fulgurante, no me lastimaba ni ofendía la vista. Pensé que era mi imaginación, así que me volteé hacia los pasajeros, y luego miré otra vez hacia esa figura celestial. ¡Todavía estaba allí! No era espejismo ni alucinación.

No sabía cómo reaccionar. Miré hacia adentro del avión nuevamente para cerciorarme de que yo era la única que veía la aparición. Mas, cuando miré por tercera vez hacia las nubes ese cuerpo divino había desaparecido. Nunca había leído la descripción bíblica de un ángel, no fue hasta mucho tiempo después que leí en Mateo 28:3 lo que describe lo que vi aquel día: «Su aspecto era como un relámpago, y su vestido blanco como la nieve». Entonces, supe que no había sido mi imaginación, que realmente había visto a un ángel protector que nos protegió ese día cuando entregué mi vida a Dios.

He sido fiel a mi promesa y a Dios durante casi 34 años, y espero permanecer fiel hasta el último latido de mi corazón. En los tiempos difíciles de mi vida, Dios ha sido y sigue siendo mi fortaleza. No soy mejor que nadie; creo que el Señor me permitió ver ese ángel por su gracia y para fortalecer mi fe.

¿Cómo se desarrolla la Fe?

Si deseamos experimentar la presencia de Dios, es necesario creerle, 'porque sin fe es imposible agradar a Dios'. Pero ¿cómo aumentar nuestra fe? El libro de Romanos nos da la respuesta: «Así que la fe es por el oír, y el oír, por la palabra de Dios» Romanos 10:17. Es necesario leer la Biblia todos los días pidiendo al Espíritu Santo que nos ayude a entender. En los evangelios podemos leer acerca de muchos milagros hechos por Jesús los cuales requerían fe:

«He aquí una mujer enferma de flujo de sangre desde hacía doce años, se le acercó por detrás y tocó el borde de su manto…"Jesús, volviéndose y mirándola, dijo: Ten ánimo, hija; tu fe te ha salvado"» Mateo 9:20-22.

…«Vinieron a él los ciegos; y Jesús les dijo: ¿Creéis que puedo hacer esto? Ellos dijeron: Sí, Señor. Entonces les tocó los ojos, diciendo: Conforme a vuestra fe os sea hecho» Mateo 9:28,29.

Dios es tan maravilloso que cuando nosotros todavía no tenemos suficiente fe, pero la deseamos y pedimos su ayuda, Él se compadece. En el evangelio de San Marcos, capitulo 9 versículos 19-29, se encuentra el relato de un padre que, desesperado por la condición de su hijo, va a Jesús en busca de ayuda. Los discípulos de Jesús intentaron sanar al muchacho sordo y mudo, e intentaron expulsar el espíritu malo del muchacho, pero fracasaron por su incredulidad.

«Jesús preguntó al padre: ¿Cuánto tiempo hace que le sucede esto? Y el dijo: Desde niño. Y muchas veces le echa en el fuego y en el agua, para matarle; pero si puedes hacer algo, ten misericordia de nosotros, y ayúdanos. Jesús le dijo: Si puedes creer, al que cree todo le es posible. E inmediatamente el padre del muchacho clamó y dijo: Creo; ayuda mi incredulidad». Y el joven fue sanado al instante. Mas sin embargo Jesús agregó que esa situación específicamente requería ayuno y oración. Como dice la Biblia, el que tiene oídos para oír, oiga.

INTERVENCIÓN DIVINA

Estaré contigo; no te dejaré, ni te desampararé. Josué 1:5

El embarazo había sido normal. Por fin, era hora de ir al hospital. Aunque era nuestro segundo hijo, sentía la misma expectativa y emoción que sentí cuando nació nuestro primogénito; ahora era hora de dar a luz a nuestro segundo bebé varón, Jonathan. Después de horas y horas de espera, entre contracciones y chequeos esporádicos por parte de una partera en el hospital, se nos comunicó que necesitaba cirugía ya que el bebé no podría nacer de forma natural.

El temor se apoderó de mí, pues se nos dijo que tendría que esperar ya que había otras dos mujeres en trabajo de parto que también necesitaban el quirófano. Después de tres largas horas, llegó una doctora que, sin preámbulos, uso los fórceps...no dio tiempo ni de preguntar acerca de la cesárea que necesitaba.

—Ahorita, va a nacer este bebé— dijo con determinación.

Momentos después, la escena que se suscitó llenó de pesadumbre el cuarto del hospital. Mi esposo, mi madre y mi cuñada, que me acompañaban, quedaron en silencio. El recién nacido no lloraba, solamente se quejaba de forma lastimera; el aspecto de su piel era morado, como el color de una berenjena. La doctora me informó, mientras se llevaban rápidamente al niño a otro lugar, que el bebé había sufrido una fractura en el húmero, la extremidad superior del brazo derecho.

—El niño no estaba respirando y estaba atorado. Lo siento, al jalarlo del brazo, el húmero se quebró.

Aunque ésta fue una experiencia traumática y dolorosa tanto para el bebé como para mí, ya que se me rompió el cóccix, le doy gracias a Dios porque el brazo de Jonathan se recuperó en tan solo un mes. Una radiografía comprobó que el hueso se había soldado completamente.

Alabo a Dios porque Dios intervino enviando a la doctora que llegó en el momento preciso cuando al bebé le empezaba a faltar el oxígeno, y gracias a eso, no sufrió ningún daño cerebral. Ahora él es un joven inteligente y de buen corazón. Jesús dijo: —«En este mundo afrontarán aflicciones, pero ¡anímense! Yo he vencido al mundo» (Juan 16:33 NIV).

ENTREGA TU TESORO

Encomienda a Jehová tu camino, y confía en él; y él hará. Salmo 37:5

Habían pasado dos semanas desde que nuestro bebé, Jonathan, había llegado a nuestro hogar. A su hermano mayor, de dos años, le gustaba acostarse al lado de su hermanito y cuidarlo. Aunque Jonathan tenía el bracito roto, yo sentía alegría al ver a nuestros dos hijos sanos. Todo parecía marchar bien, hasta que el bebé empezó a devolver la leche materna con mucha frecuencia. Mi cuñada y mi madre me decían que era normal. Pero, no era natural que cada vez que terminaba de comer, vomitara de forma casi explosiva una gran cantidad de lo que había ingerido. Pasaron dos días, y vi como su aspecto y vitalidad iban decayendo. No, no era normal que casi nada se le quedara en el estómago después de ser amamantado.

Al tercer día, decidí llevarlo al médico, ya que me preocupaba el letargo en el que estaba el bebé. Yo estaba segura de que se estaba deshidratando y temía por su salud, por su vida. El doctor después de examinarlo me dijo que el niño no tenía nada. Que estaba bien de salud y nos envió de regreso a casa, pero antes de irnos del consultorio me pidió que esperara porque me iba a traer una información. Aproveché ese momento para amamantar al niño, ya que sabía que tenía horas que no tenía nada en el estómago por haber vomitado todo lo que le había dado horas antes. Justo después de terminar de alimentarlo, entró el doctor, y en ese preciso momento vio como el bebé vomitaba, expulsando con fuerza una gran cantidad de leche.

—¡Impresionante!—exclamó sorprendido, y añadió: —El niño tendrá que ir al hospital y quedarse la noche porque al día siguiente se le harán estudios, y quizás necesite una operación.

Un pavor se apoderó de mí; llamé a mi esposo, y entre lágrimas, le di la noticia. Esa noche la pasé en el hospital al lado de su cuna. Como no me permitían alimentarlo, le dieron un chupón. ¡Qué tristeza! ¡Qué impotencia! No podía abrazarlo para darle cariño y seguridad. Al día siguiente, se nos dijo que el niño tendría que ser intervenido quirúrgicamente a causa de una estenosis pilórica. En otras palabras, los músculos del píloro, la válvula que une el estómago con el intestino delgado, se habían engrosado y no permitían el pase de la comida. Apenas con dos semanas y media de nacido, una vez más su vida estaba en peligro.

Yo tenía solamente cuatro años de haber conocido al Señor y de haberme bautizado. No entendía por qué estaban sucediendo estas cosas. ¿Qué no se suponía que cuando uno aceptaba a Cristo y se bautizaba todo cambiaba en la vida, los problemas terminaban y uno era feliz? No sabía que Dios perfecciona nuestra fe a través de dificultades: «...aunque ahora por un poco de tiempo, si es necesario, tengáis que ser afligidos en diversas pruebas...» (1 Pedro 1:6).

Mientras se llevaba a cabo la operación, mi esposo y yo fuimos a la capilla del hospital. Allí, hubo una gran batalla en mi mente y corazón. Entre sollozos y llena de miedo y angustia, le suplicaba a Dios que cuidara de mi bebé. Por más que oraba, no sentía paz dentro de mí. La angustia me embargaba. Ignoraba que Dios deseaba, a través de esta circunstancia, enseñarme a confiar en Él. Todavía yo no había aprendido que Dios es el dueño de todo lo que poseo: de todas las cosas materiales, de aquéllos a quienes amo y aún de mi vida. No sé cuanto tiempo pasó mientras yo luchaba con Dios, casi exigiéndole que no me quitara a ese pequeño ser. Durante esa lucha interna, Dios me hizo entender...y humildemente, le entregué mi tesoro, lo que yo más adoraba, a mis hijos.

—Señor, hágase tu voluntad. Te lo entrego. Él es tuyo; comprendo que Jonathan no me pertenece, me lo estás prestando solamente. Hágase tu voluntad.

En ese instante, me invadió una gran paz. Creo que eso era lo que Dios quería de mí, que aprendiera a confiar en Él; que reconociera que Él es Dios, Creador y Sustentador. El es un Padre amoroso que no desea nuestro mal sino que busca tener una relación íntima, de confianza con sus hijos. El nombre Jonathan, en hebreo, significa 'Dios da' o 'don de Dios' y ese día, me lo concedió por segunda vez. El Todopoderoso tiene un plan para él.

Aprendí que Dios quiere tener el primer lugar en mi vida; quiere una entrega total. No permitas que tu esposo, tus hijos, tu profesión o trabajo ni ninguna cosa o persona tome Su lugar. Pon todo en Sus manos. Confía en Él.

«Porque donde esté vuestro tesoro, allí estará también vuestro corazón» (Mateo 6:21).

EL ÁNGEL GUARDIÁN

Porque Jehová pasará hiriendo a los egipcios y cuando vea la sangre en el dintel...no dejará entrar al heridor en vuestras casas para herir. Éxodo 12:23

Cuando era niña, escuchaba decir a mi abuela materna que todos teníamos un ángel guardián. —"Ángel de mi guarda, dulce compañía, no me desampares, ni de noche, ni de día"—mi abuelita nos hacía repetir. En realidad, yo lo dudaba. Era un poco incrédula; mas sin embargo, me llamaba la atención ver, en casa de algunas personas que visitábamos, un cuadro donde dos niños van caminando solos sobre un puente colgante y su ángel guardián va caminando a su lado. Pero, estarás de acuerdo conmigo que no hay nada mejor para convertirse en creyente, que el ver a tu ángel guardián con tus propios ojos.

Un par de circunstancias me han hecho creer en los ángeles guardianes. La segunda vez que tuve una experiencia (esta vez indirectamente) con un ser celestial fue hace veintiséis años. Mi hijo mayor, Joshua, tenía cinco años, y el pequeño, Jonathan, tenía casi tres años. Era de mañana y pasé, con Jonathan en brazos, por enfrente del cuarto de Joshua; la puerta estaba abierta, así que le di los buenos días y le pedí que se levantara porque era hora de alistarse para ir al kínder (jardín de infantes). Fui a preparar el desayuno y como vi que no se levantaba, fui a ver que pasaba.

 Me paré en el quicio de la puerta. Joshua estaba todavía en cama, tapado con su cobija hasta la cabeza, y cuando oyó mi voz, se destapó.

—Joshua, ¿Por qué tienes la cabeza tapada? Te pedí que te levantaras; vas a llegar tarde a la escuela, Tesoro.

—Es que vi a un hombre— respondió con su dulce voz.

En ese momento, me invadió el temor, pero mantuve la calma para no asustarlo. Necesitaba información para saber si corríamos peligro, ya que mi esposo se había ido a trabajar y me encontraba con los niños sola en casa. Le creí porque vivíamos en un dúplex que daba a un boulevard muy transitado por carros y gente de a pie. Además, Joshua nunca inventaba historias y siempre decía la verdad, aunque implicara recibir una disciplina.

—¿Cómo era el hombre? ¿Alto o bajo? —Alto.

— ¿De qué color era su pelo? —traté de usar un tono calmado.

—Tenía pelo blanco—dijo suavemente. Me sorprendió que no se viera asustado.

—¿Tenía el pelo lacio como tú o chino como yo (antes me hacía permanente)?

—chino.

—¿Qué ropa llevaba? — Necesitaba la descripción del hombre para dársela a la policía.

—Blanca. Todo era blanco.

—¿Y qué hacía el hombre cuando lo viste?

—Estaba jugando conmigo al peek-a-boo. (o sea que se escondía en la entrada de su cuarto y luego mostraba su cara y se sonreía con él).

—¿Cuándo lo viste?—me sentía confundida, hasta que contestó...

—Cuando tú pasaste a la cocina con Jonathan en los brazos, él estaba allí donde tú estás, pero tú no lo viste.

En ese momento me di cuenta de que mi hijo había descrito a su ángel guardián. ¡Pasé a un lado de él sin darme cuenta!

No conocemos los designios de Dios; no obstante, estoy segura de que esto lo permitió para que le sirviera de testimonio a Joshua de que Dios existe. Él esta con nosotros porque nos ama aunque no lo comprendamos a veces. Mi hijo es ahora un joven listo y bondadoso. Confío en las promesas de Dios, y tengo la seguridad de que un día él servirá a Dios con sus talentos.

La Importancia De La Oración Intercesora

Padres, nunca dejen de orar por sus hijos; nuestro Padre Celestial escucha las oraciones intercesoras. Dieciocho años después, Josh tuvo una segunda experiencia con ese ángel protector. Una noche luego de haber estado en una fiesta, él se dirigía a casa. Era de madrugada y venía soñoliento y casi durmiéndose mientras manejaba; cuando ya se hallaba como a una milla de la casa, se quedó dormido y justo cuando estaba a punto de estrellarse...

—«Escuché una voz que me gritó: "¡Despierta!"»—me dijo Joshua mientras relataba el suceso—«desperté inmediatamente, había cruzado el carril contrario y choqué con un paredón de concreto»—.

Gracias a Dios salió ileso, sin ningún rasguño aunque el carro quedó inservible. Desafortunadamente, en los 18 años que llevamos viviendo aquí, han fallecido cuatro jóvenes en nuestro vecindario en accidentes similares al que él tuvo. Yo alabo a Dios porque tengo la seguridad de que Él me movió a orar de forma diferente esa noche.

Recordé como Moisés ordenó que untaran con la sangre de un cordero sin defecto el dintel y los postes de las puertas donde viviera todo primogénito judío para que la muerte no llegara allí. La sangre del cordero representaba el sacrificio de Jesús por los pecadores para darnos salvación y librarnos de la muerte eterna a causa del pecado. En Hebreos 9 dice que 'sin derramamiento de sangre no hay perdón de pecados'. Por supuesto que no unté sangre en ninguna puerta, lo hice de forma simbólica *y reclamé la sangre de Jesucristo sobre Joshua.*

Agradezco a Jesús por su sacrificio porque a través de Él, hay salvación. Dios envió a su ángel guardián de nuevo para proveerle protección.

«El Señor declaró: —Yo pasaré aquella noche por la tierra de Egipto, y heriré a todo primogénito en la tierra de Egipto, así en los hombres como en las bestias... Y la sangre os será por señal en las casas donde vosotros estéis; y veré la sangre, y pasaré de vosotros, y no habrá en vosotros plaga de mortandad. No bastaba que el cordero pascual fuese muerto; había que rociar con su sangre los postes de las puertas, como los méritos de la de Cristo deben aplicarse al alma.» (White, 1991. p. 280, p. 281).
29

¡NO ME DEJES!

Enjugará Dios toda lágrima de los ojos de ellos; y ya no habrá muerte, ni habrá más llanto, ni clamor, ni dolor; porque las primeras cosas pasaron. Apocalipsis 21:4

Sonó el teléfono y jamás pensé que recibiría esa noticia: —Mi papá tiene cáncer; etapa 4 —nos comunicó mi hermano mayor a mis hermanos y a mí. Sentí que el mundo se detenía... y estallé en llanto incontrolable; esa fue una etapa muy dolorosa para la familia. El haberlo conocido como un hombre activo y servicial hacía más tormentoso ver como declinaba su vigor rápidamente y como se hacía frágil y sucumbía a ese terrible mal. En solamente tres meses, la fuerza de un hombre, que siempre trabajó duramente para sacar adelante a su familia, desapareció, y únicamente quedó su tierna sonrisa en un semblante cadavérico ¿Por qué a él? Todavía tenía muchos años por delante...nos decíamos. —¡¿POR QUÉ?!— me atreví a demandar de Dios. Pero, ¿por qué no? Se oye frío, pero es la realidad: existe la muerte y a todos nos llegara el tiempo de morir, aunque nadie está listo para morir o para enterrar a un ser querido.

Ese terrible evento nos causó el dolor más agonizante y profundo que habíamos experimentado hasta entonces. (Si tú has perdido a un ser querido estarás de acuerdo conmigo que deja un gran vacío en el corazón.) Pues, llegó el día ineludible; nuestra madre, todos sus hijos, dos de sus hermanas, sus sobrinos y nietos estaban esperando el desenlace, ya que era cuestión de horas o de minutos. Todos se encontraban en la sala en casa de Eli y su esposo; ellos habían bondadosamente elegido tener a nuestro padre en su casa en vez de llevarlo a un hospicio para desahuciados.

Anticipadamente, yo le había pedido a Dios que me permitiera estar al lado de mi padre en sus últimos momentos de vida, y aunque nos rotábamos para estar a su lado, Dios en su misericordia, me concedió el deseo. Mi prima y yo estábamos con él cuando mi padre exhaló su último aliento. Me acerqué rápidamente... puse mi mano derecha sobre su pecho en busca de latidos del corazón... nada. Él ya no estaba allí, era sólo un cadáver; era la disimilitud de quien fuera mi padre. El vacío que sentí en ese momento fue como si literalmente me hubieran hecho un agujero en medio del cuerpo, estaba incompleta, había perdido parte de mi ser. Me encontraba en shock; por un momento sentí que el mundo se detenía.

Pasaron dos semanas y en el tiempo señalado, nos entregaron el cuerpo para darle sepultura. La despedida fue extremadamente difícil para todos, pero mucho más para nuestra madre. Jamás podré olvidar sus gritos llenos de dolor cuando bajaban el féretro de mi padre, eran gritos que desgarraban su alma:

—¡No me dejes! ¡No me dejes!—

De acuerdo con psicólogos, el luto o duelo es experimentado de forma diferente por cada persona. Pero, para poder entender y aceptar la pérdida es imprescindible aceptar la muerte y el dolor como algo natural. Existen cinco etapas de duelo emocional, desarrolladas por la psiquiatra Elizabeth Kübler-Ross en 1969, por las que todos los dolientes pasan. Aunque no todos pasan por todas las etapas ni en el orden en que aparece, sí son una experiencia real en las personas que han sufrido una pérdida desde el suceso hasta que aceptan la realidad.

Me apena admitir que por ignorancia, no validé el dolor de mi madre, ni entendí la depresión en la que estaba aún después de un año de su viudez. Por eso, es importante conocer estas etapas de duelo para entender a las personas que estén pasando por ese sufrimiento y poder darles el apoyo emocional necesario sin juzgar y sin presionarlas a que dejen de sufrir. Vale decir, que estas fases de dolor emocional no solamente las experimentan las personas a quienes se les ha muerto un ser querido; sino todo aquel que ha sufrido una gran pérdida, como un divorcio, abuso, trauma emocional, o discapacidad.

La Etapa de la Negación. "El negar que sea cierto que alguien haya fallecido, le ayuda al doliente a atenuar el dolor del hecho" (Torres). [27] Por los primeros días, me despertaba preguntándome si era verdad la muerte de mi padre; tenía la sensación de que todavía podía ir a visitarlo.

La Etapa de la Ira. "El enojo surge por la frustración e impotencia de no poder hacer nada al respecto" (BBC, 2018).[4] Es importante que los familiares no tomen de forma personal el enojo manifestado por el doliente, ya que éste se puede proyectar hacia el entorno, inclusive hacia personas allegadas o hacia Dios. Es normal sentirse abandonado por el que falleció y por Dios; el enojo es la manifestación de un gran dolor.

La Etapa de la Negociación. En esta fase 'las personas fantasean con la idea de que se puede cambiar el hecho de la muerte (o del suceso). Es común preguntarse ¿qué habría pasado si...? o pensar en estrategias que habrían evitado el resultado final, como ¿y si hubiera hecho esto o lo otro? Esta etapa ofrece la fantasía de estar en control de la situación' (BBC, 2018).[4] Recuerdo a mi madre hablando de la posibilidad de que mi padre se hubiera salvado si hubieran ido al doctor mucho antes de cuando lo hicieron.

La Etapa de la Depresión. "La tristeza profunda y la sensación de vacío son reacciones naturales ante la pérdida de un ser querido. Algunas personas pueden sentir que no tienen incentivos para continuar viviendo en su día a día sin la persona que murió". (Torres) [27] También, se experimenta "pérdida de apetito, fatiga, no se duerme bien, problemas con la memoria y falta de interés en actividades regulares en el primer mes" (Kessler). Esta etapa fue larga para mi madre; le costó mucho trabajo salir de la depresión.

La Etapa de la Aceptación. "Poco a poco va volviendo la capacidad de experimentar alegría y placer, llegando luego a la normalidad" (BBC, 2018).[4] Después de un par de años, por fin mi madre volvió a sonreír, a cantar y a disfrutar las pequeñas cosas de la vida.

Casi llego a mis sesenta años y puedo asegurar que los años pasan, igual que las hojas secas de los árboles que son llevadas por el viento. Un día mirarás hacia atrás y verás que se te está yendo la juventud...antes de que eso suceda, asegúrate de haber hecho lo posible por vivir una vida plena.

Estos son *consejos para mis hijos y para ti, querido lector*: Atrévete a poner más gozo en tu vida. Sonríe más, sé amable aún con aquéllos que no lo son contigo, ayuda a gente en necesidad y sé más agradecido por lo que tienes. Cuida tu cuerpo, tu salud. Disminuye el estrés, relájate, confía en Dios y déjale los problemas en sus manos. Aprecia los momentos que pasas con tus padres (no siempre estarán a tu lado), abraza con más frecuencia a tu esposa, toma tiempo y escucha (no dije oye, dije escucha) a tu cónyuge y a tus hijos, mira más allá de las palabras; detrás de cada queja o mala actitud, hay una necesidad que no está siendo satisfecha. No guardes rencor, aprende a perdonar o no podrás tener verdadera paz y felicidad. Si quieres ser feliz, ama sin egoísmo; pídele a Dios que llene tu tanque de amor, si esta medio vacío. Lucha por alcanzar tus objetivos, tus sueños, aún si fracasas, que no se diga que no lo intentaste. Pero, ten sabiduría para saber cuando buscar otro camino. Busca aumentar y mejorar tus habilidades y talentos. Respeta y date a respetar. Sé la mejor persona que puedas llegar a ser; nunca te compares con nadie. Tu éxito no se mide por cuanto dinero, fama o posesiones acumulaste, sino por la huella que dejaste en la vida de otros. Ama a tu prójimo. Vive sin remordimiento, perdónate a ti mismo por los errores cometidos. Y, cuando sea tu tiempo de decir adiós a este mundo, estarás satisfecho y en paz. *¿Cómo quieres ser recordado/a?* Haz los cambios necesarios en tu vida. Empieza hoy.

* * * * *

Ni la muerte ni el dolor estaban en el plan maestro de Dios. La muerte es una intrusa, pero un día será destruida para siempre. En el último libro de la Biblia, Apocalipsis, encontramos la afirmación que ya no habrá más muerte, ni llanto ni dolor. Dios hará todo nuevo. ¿Cuándo? En la segunda venida del Señor Jesús:

« Hermanos, no queremos que se queden sin saber lo que pasa

con los muertos, para que ustedes no se entristezcan como los otros, los que no tienen esperanza.

Así como creemos que Jesús murió y resucitó, así también creemos que Dios va a resucitar con Jesús a los que murieron creyendo en él.

Por esto les decimos a ustedes, como enseñanza del Señor, que nosotros, los que quedemos vivos hasta la venida del Señor, no nos adelantaremos a los que murieron.

Porque se oirá una voz de mando, la voz de un arcángel y el sonido de la trompeta de Dios, y el Señor mismo bajará del cielo. Y los que murieron creyendo en Cristo, resucitarán primero; después, los que hayamos quedado vivos seremos llevados, juntamente con ellos, en las nubes, para encontrarnos con el Señor en el aire; y así estaremos con el Señor para siempre. Anímense, pues, unos a otros con estas palabras» (1 Tesalonicenses capítulo 4:13-18 DHH).

Jesús nos ha dado esta bella promesa de como será el volver a reunirnos con nuestros seres queridos que han fallecido.

La pérdida de mi padre dejó un gran vacío en mi vida, pero Dios me acompañó durante ese periodo doloroso. Me consuela la promesa de que veré nuevamente a mi papá. ¡Qué encuentro tan dichoso, ver de nuevo a mis padres y a mis abuelos! ¿Con quién anhelas reunirte tú nuevamente?

Imagínense la tristeza de María y de Marta, la familia que le había dado amistad a Jesús; ellas habían enterrado a Lázaro su hermano hacía solamente cuatro días. Jesús apreciaba a estos tres hermanos que le brindaban cariño y aceptación. Había venido a Betania porque se había enterado de la enfermedad de su amigo. Pero cuando Jesús llegó, ya era demasiado tarde, al menos eso pensaban ellas. No sabían que estaban frente al que puede cambiar el dolor en gozo; al único que puede dar vida.

¿Hay algo muerto en ti: una relación, un sueño? ¿Te sientes muerto en vida? Cuando Dios interviene en la vida de un ser humano, es imposible permanecer en el mismo estado en el que se encuentra. «Yo soy la resurrección y la vida; el que cree en mí, aunque esté muerto, vivirá. Y todo aquel que vive y cree en mí, no morirá eternamente. ¿Crees esto?» (S. Juan 11:25, 26).

El relato bíblico nos cuenta que al ver a María llorando y a los judíos que la acompañaban, Jesús se conmovió y lloró. Jesús se conmueve con nuestro dolor; él detesta el sufrimiento humano, pues somos su creación. Jesús vino a este mundo a rescatarnos del pecado y de la muerte eterna.

«Y Jesús, alzando los ojos a lo alto, dijo: Padre, gracias te doy por haberme oído. Yo sabía que siempre me oyes; pero lo dije por causa de la multitud que está alrededor, para que crean que tú me has enviado. Y habiendo dicho esto, clamó a gran voz: ¡Lázaro, ven fuera! ...Y el que había muerto, salió» (Juan 11:41-44).

¡TÚ NO ERES MI ESPOSO!

Porque los que viven saben que han de morir; pero los muertos nada saben, ni tienen más paga... Eclesiastés 9:5

Posteriormente a la muerte de mi padre, mi mamá decidió seguir viviendo sola en su propia casa. Ella había decidido aislarse, pero eso le estaba perjudicando; lloraba por horas todos los días; su soledad era angustiante. Ella me dijo un par de veces: —"Tú no sabes; la soledad es muy dolorosa".

Mi mamá era cristiana. Así que cada día, ella se refugiaba en Dios, pero por su situación emocional, necesitaba desesperadamente compañía humana. El enemigo de nuestras almas, lo sabía y le tendió la trampa que a muchos les presenta para confundirlos y atraerlos al área del espiritismo. Una tarde, ella se encontraba sentada en la sala, hablándole al aire como si mi padre estuviera allí a su lado. En ese momento, ella volteó hacia la entrada de la habitación y vio a su difunto esposo parado y mirándola fijamente. Mi madre se quedó estupefacta por unos segundos, y luego le dijo a aquel fantasma: —¿Qué quieres? ¡Tú no eres mi esposo!

Y, al instante esa aparición, desapareció. Ella me contó que en varias ocasiones había sentido la presencia de alguien en la cocina mientras cocinaba y en su cama mientras dormía. Gracias a Dios, después de esa interacción, ya no tuvo esa clase de visitas; y para no estar sola, decidió irse a vivir con mi hermana, por un tiempo antes de vender la casa.

La verdad es que este tipo de artimañas las usa Satanás para confundir a la gente; pero la Biblia desenmascara estos engaños. Como dice la cita bíblica y el relato anterior, los muertos permanecen en un tipo de sueño del que serán despertados solamente por Jesucristo. En el libro de 1 Tesalonicenses 4:13, 16 dice claramente que los muertos duermen. «Tampoco queremos, hermanos, que ignoréis acerca de los que duermen, para que no os entristezcáis como los otros que no tienen esperanza... Porque el Señor mismo con voz de mando, con voz de arcángel, y con trompeta de Dios, descenderá del cielo; y los muertos en Cristo resucitarán primero». Cuando Jesús resucitó a Lázaro, abrieron la tumba y Cristo lo llamó por nombre y le dijo que saliera de la tumba: ¡Lázaro, ven fuera! El difunto estaba allí.

El espiritismo es una práctica detestable ante Dios; en el libro de Deuteronomio 18:10-12, la orden es clara:

«No sea hallado en ti quien haga pasar a su hijo o a su hija por el fuego, ni quien practique adivinación, ni agorero, ni sortílego, ni hechicero, ni encantador, ni adivino, ni mago, ni quien consulte a los muertos. Porque es abominación para con Jehová cualquiera que hace estas cosas, y por estas abominaciones Jehová tu Dios echa estas naciones de delante de ti.»

«No os volváis a los encantadores ni a los adivinos; no los consultéis, contaminándoos con ellos. Yo Jehová vuestro Dios» (Levítico 19:31).

Tú dirás, 'pues esto no se aplica a mí porque yo no hago nada de eso'. Si tú consultas el horóscopo, por inocente que esto parezca, o si vas a que te lean la mano o las cartas, estás haciendo algo que le desagrada mucho a Dios. También, el ver películas que exaltan el espiritismo o la magia, no son saludables para tu vida espiritual. Fíjate lo que hizo el rey Manasés: «Y pasó sus hijos por fuego en el valle del hijo de Hinom; y observaba los tiempos, miraba en agüeros, era dado a adivinaciones, y consultaba a adivinos y encantadores; se excedió en hacer lo malo ante los ojos de Jehová, hasta encender su ira» (2 Crónicas 33:6).

En este último versículo, que claramente enlista las terribles prácticas que el rey Manasés hacía, llevando al pueblo a pecar, ya que seguían su mal ejemplo, incluye el de observar los tiempos (la astrología). El desear saber el futuro muestra falta de fe y confianza en Dios e introduce a uno al ámbito del enemigo. En el primer mandamiento está escrito: No tendrás dioses ajenos delante de mí. Te lo pide por tu propia protección y porque Él es tu Creador y merece ese lugar.

No te preocupes por el futuro; si eres fiel al Señor, el te ayudará en tus necesidades y problemas. Búscalo con todo tu corazón y ponlo en primer lugar en tu vida y verás Su poder. Jesús te ama y desea tener una relación intima contigo. Él no te promete que nunca más tendrás problemas, como yo ingenuamente pensé cuando me bauticé, sino que Él estará contigo en medio de tus dificultades y te sacará adelante. Yo lo he experimentado y sé que es real.

ATRÉVETE A SER LIBRE

El ladrón no viene sino para hurtar y matar y destruir; yo he venido para que tengan vida, y para que la tengan en abundancia. Juan 10:10

Era un domingo de otoño, y el sol ya brillaba iluminando las colinas pedregosas de las inmediaciones. Para Carlota, era un día ordinario, igual que todos los otros. Todavía en cama, abrió los ojos y sin proponérselo, sintió dentro de sí el peso aplastante que le era muy familiar. Miró a su alrededor y vio que las cuatro paredes de su pequeño dormitorio parecían estar cada vez más cerca de su cama. En el interior de su ser, todo era oscuridad; la luz del día no penetraba allí. Se levantó con tal parsimonia, que parecía que le pesara el cuerpo, pese a ser una mujer de complexión delgada. Lentamente se restregó la cara con las manos, miró hacia afuera a través de las persianas empolvadas, suspiró lentamente con resignación, y salió del cuarto.

Vivía en esa casita solitaria hacía ya dos años. Había decidido alejarse del bullicio y del tráfico agobiante de las grandes ciudades, pero sobre todo para evitar las miradas inquisitivas de los vecinos y las visitas inoportunas de sus familiares. Ahora aislada de contacto humano, se sentía segura. Su decisión de vivir allí era por necesidad; solamente así podría llevar a cabo su venganza y hacer justicia.

Sumergida en sus pensamientos, caminó como sonámbula hasta la cocina. Había platos sucios de varios días en el fregadero y una mesa desordenada con comida, correspondencia, medicinas y fotografías; sacó una olla pequeña del refrigerador y empezó a calentar la avena. Mientras esperaba, por su mente atravesaban recuerdos muy dolorosos; instintivamente se llevó la mano al pecho, a la vez que se crispaba su rostro en una mueca de dolor. Aún pensativa, sirvió un plato; el vapor le empañó los anteojos, pero no hizo caso, se encaminó hacia el pasillo que daba a la habitación de huéspedes.

En varias ocasiones, Carlota pensó en la muerte a causa del intenso dolor emocional. Un día escuchó por el radio que el suicidio era un acto egoísta; ya que uno piensa en sí mismo y no en el dolor que provocaría a los seres queridos. Pensó que eso no aplicaba a ella; finalmente, decidió que tenía que vivir. ¡Se tenía que hacer justicia! La culpable debía pagar por el sufrimiento causado, y ella era el verdugo que ejecutaría la sentencia...

Mientras caminaba por el pasillo semi oscuro, no pudo evitar un destello de luz en un recuerdo maravilloso: en la escena que pasaba por su mente, se veía a ella misma, aún joven; sonreía al ver jugar alegremente a sus dos hijas pequeñas y a su bebé varón. Repentinamente, una nube gris, pesada y oscura envolvió ese recuerdo y su cara sonriente se convirtió en un semblante frío y rígido. Sintió que por sus venas corría una mezcla de odio y dolor.

— "¿Por qué? ¿Por qué?"—musitó llorando. Se estremecía al llorar sin control. Parada frente a la puerta del cuarto que se encontraba al otro extremo del suyo, quedo inmóvil por unos minutos con la mente absorta en los recuerdos. Luego, volvió a asumir la conducta dura, sin emociones. Pensó en la mujer que encontraría adentro de la habitación. No sentía compasión por su prisionera.

—"Debió de haberlos protegido, y ¡no lo hizo!"—dijo con rabia.

¿Cómo llegó esa mujer allí? Ya no recordaba los detalles; todo en su mente era confusión. Por fin, abrió la puerta con la llave que llevaba en un listón colgada al cuello. En el interior del cuarto solamente había una mesita rústica de madera, una silla del mismo material, una lámpara de pie vieja y polvorienta, un tapete y un espejo largo con un marco ornamentado que no encajaba con ese ambiente lóbrego. Al abrirse la puerta, la pobre luz del pasillo entró al cuarto sombrío e iluminó la mesa en la cual se veían varios platos con comida ya de varios días. Un olor fétido llenaba el lugar. No dirigió la vista a la silla... se fue directamente al espejo que se hallaba cubierto con una sábana sucia y vieja... la quitó de un jalón. Luego, gritó con vehemencia las mismas palabras que repetía cada día que iba a ese cuarto mientras corrían las lágrimas de forma copiosa por sus mejillas:

—¡¿Por qué?!... ¡¿Por qué?!... ¡Te odio!... ¡Ayyy, Dios mío, qué dolor tan grande! No puedo más...

Sin mirar atrás, con su vista enfocada en el espejo, vio la imagen de su prisionera a la cual, era incapaz de perdonar. Carlota vio su propio reflejo en el espejo; Carlota era la víctima y su propio verdugo.

Este cuento ilustra el tormento de una mente en depresión, atormentada por un sentido de culpabilidad. Si te encuentras en depresión o conoces a alguien que sufre de este mal; cobra ánimo, hay esperanza. Yo misma he vivido esa oscuridad, esa prisión; yo era esa Carlota, pero sé que se puede salir de allí y gozar de paz.

Todos hemos sentido tristeza por algún acontecimiento penoso, es algo normal. Mientras algunas personas tienen gran resiliencia y lo superan solas, otras se hunden en un pozo profundo del que no pueden salir sin ayuda; esto depende también de que tan severo sea el evento experimentado. De acuerdo con el Instituto Nacional de la Salud Mental (de los Estados Unidos), «la depresión causa síntomas de angustia, que afectan cómo uno se siente, piensa y coordina las actividades diarias, como dormir, comer o trabajar». Antes de ser diagnosticada con depresión me preguntaron si los síntomas estaban presentes casi todos los días, durante por lo menos dos semanas, a lo cual respondí afirmativamente. La depresión es la respuesta a como reaccionamos a las pérdidas y heridas emocionales que sufrimos. Pero eso no es todo, de acuerdo con MentalHealth.gov, esta es una enfermedad del cerebro cuyos 'factores son genéticos, medioambientales, psicológicos y bioquímicos'.

Las personas que están deprimidas ven la vida a través de un filtro negro, pueden sentir odio hacia ellas mismas, sentirse indefensas ante sus situaciones y sin esperanza en el futuro. De acuerdo con la consejera cristiana June Hunt, hay diferentes tipos de depresión. Mencionaré solamente dos:

Depresión Normal – "Es una reacción involuntaria a una situación dolorosa (rechazo, fracaso, enfermedad, transiciones de la vida como la adolescencia, el nido vacío, la menopausia, mudarse de lugar o la jubilación" (Hunt, Depresión 22).

Depresión Oculta – Hay un conflicto sin resolver. Los sentimientos dolorosos están cubiertos o se niega que existan. Se encuentra alivio al dolor inconscientemente al involucrarse en actividades y mantenerse ocupado. Experimenta coraje reprimido, distracción y sacrificio de si mismo y al mismo tiempo critica y juzga a otros. En las reacciones físicas, se pueden ver aumento de peso, menos necesidad de dormir y existe amenaza de suicidio oculta. (Hunt, Depresión 23). [11]

Deseo mencionar los síntomas del **Trastorno por Estrés Postraumático** (PTSD – por sus siglas en inglés) porque causa depresión también y es lo que yo sufrí por un par de años. La doctora Mandal en la página de News Medical Life Science, describe este trastorno como:

«sensaciones de desesperación, depresión, irritación, culpabilidad, aislamiento, dificultad para dormir o concentrarse y confusión. Estos síntomas son usualmente causados por un evento que sucedió recientemente o meses o hasta años atrás y que resurgen en destellos de los recuerdos del evento traumático. Estos pueden producir gran dolor y pueden ser tan severos que puede provocar pensamientos suicidas».

Si tú vives con depresión escondida o con un trastorno depresivo mayor o menor (o PTSD), es tiempo que afrontes la realidad, te armes de valor y tomes acción. Lo primero es que veas a un consejero y a tu médico para desarrollar un plan de acuerdo con tus necesidades. Si no lo haces extenderás el periodo de dolor y angustia en el que vives. Estas recomendaciones me las dio mi doctora:

Una vez que estés en tratamiento, si la psicoterapia no está ayudándote a salir de la depresión, tal vez te recomienden medicina; discútelo con tu doctor o con un psiquiatra. La medicina debe de ser temporal y empezar con una dosis baja, te ayudará a procesar el dolor emocional. Si experimentas cualquier tipo de efectos secundarios, consulta a tu médico para eliminar poco a poco la medicina, esto evitará que caigas en un estado depresivo peor si la dejas de tomar repentinamente.

Mi Experiencia con la Depresión

Por un año estuve tratando de controlar mis emociones, sobre todo, al principio la tristeza; me mantenía ocupada cada momento del día para no pensar ni sentirme triste. Pero al paso del tiempo empeoré, en el segundo año, ya no podía ocultar el dolor emocional que llevaba por dentro. En varias ocasiones, perdí el control aun en el trabajo, lloraba sin medida; además, tenía problemas con mi esposo porque yo tenía mal humor y él no sabía como manejar la situación y reaccionaba negativamente a mi comportamiento. Luego, le dije que estaba deprimida, y actuó de forma compasiva, pero no sabía como ayudarme. Yo experimentaba apatía, no tenía deseos de hacer nada una vez que llegaba a casa...solamente me aislaba y lloraba. Dejé de hablar con mi familia solamente enviaba mensajes de texto a mis hijos y le rehuía a la gente de la iglesia. Luego, empecé a tener ataques de ansiedad. No dormía bien, no comía bien. Todo se derrumbaba a mi alrededor, mientras tanto seguía trabajando y asistiendo a la iglesia, aparentando una supuesta normalidad. Tenía miedo de ser juzgada y rechazada; no confiaba en nadie, así que guardaba silencio. (Por favor, si te encuentras en una situación similar, habla con alguien de confianza que sabes que te escuchará sin prejuicios y que no sea chismoso/a). Todo iba escalando y llegó el tiempo en que supe que tenía que sacar lo que me estaba asfixiando, aunque no entendía qué me pasaba. Busqué un consejero cuando empecé a tener pensamientos suicidas, no veía otra salida a mi dolor emocional, empezaba a planear el método, ya no me detenía el amor por mis hijos o mi esposo, ni aun el temor y amor a Dios... *Eso sí es muy peligroso. ¿Qué me pasaba?*

Sentía desprecio por mi misma, me culpaba por algo que sucedió hace muchos años, pero que mi mente había bloqueado por todo ese tiempo y ahora aparecían en mi mente partes de esos recuerdos y me atormentaban. ¿Era verdad o mi imaginación? Tuve que ver a tres consejeros en un intervalo de un año, para descubrir y aceptar lo que había sucedido. Al parecer, el trauma que experimenté mucho tiempo atrás fue demasiado para mí y me hizo entrar en negación al pensar que no podía hacer nada al respecto. El shock provocó una *disociación peri traumática*, o sea que mi mente se desconectó del evento y sufrí un tipo de amnesia selectiva por bastantes años. Mi consejera, la Dra. Barack, me dijo que el hemisferio derecho y el izquierdo de mi cerebro se desconectaron, no se procesó bien el trauma y quedó archivado en una parte del cerebro que desconocía la otra parte del cerebro. Y después de décadas, cuando empecé a recordar lo sucedido, no me perdonaba por no haber sido fuerte, por permitir que el miedo me controlara en vez de enfrentar el trauma y por los errores cometidos en aquel tiempo.

Un artículo publicado en un periódico archivado en la Biblioteca Nacional de Medicina y el Instituto Nacional de Salud, titulado "La Expectativa de Amenaza y Disociación Peri traumática", da claridad a este fenómeno; declara que " la disociación ocurre cuando una persona siente que no tiene control sobre el evento" y " las reacciones de disociación peri traumática conllevan futuros episodios de síndrome de post trauma (PTSD), ya que la disociación impide que las memorias, (o acontecimientos vividos) se procesen en el momento" (Spiegel, Koopmen, Cardeña, & Classen, 1996). Ahora entiendo la razón por la cual sufrí ese tipo de amnesia por tantos años, pero... la ciencia confirma lo que la

Palabra de Dios dijo hace siglos:

"Porque nada hay oculto, que no haya de ser manifestado; ni escondido, que no haya de ser conocido, y de salir a luz" (Lucas 8:17).

Ahora, ya no me posesionan sentimientos auto destructivos ni la desesperanza. Conozco la clave para evitar caer en depresión: *debo de controlar mis pensamientos.* No debo de negar el hecho, ni enfocarme en la injusticia y el dolor, sino tratar de *aceptarlo, perdonar y dejarlo atrás* por doloroso que sea. No puedo regresar al pasado para enmendar errores. Solamente puedo vivir el presente y buscar hacer algo provechoso para servir a Dios y al prójimo. Es mi elección... y puede ser la tuya también. No es fácil, por eso necesitamos intervención divina.

Te contaré lo maravilloso que es Dios. Él fue quien me movió a orar citando el versículo 3 de Jeremías 33:

«Clama a mí y yo te responderé y te enseñaré cosas grandes y ocultas que tú no conoces».

En ese entonces, mi vida espiritual era más religión que relación con Dios. No creo que Él se deleita en nuestro sufrimiento, pero pienso que lo permite a veces para hacernos crecer espiritualmente. Yo intuía que algo andaba mal, así que empecé a reclamar esa promesa: «Clama a mí y yo te responderé y te enseñaré cosas grandes y ocultas...»

Hice esta oración con sinceridad por un varias semanas y al poco tiempo empecé a tener destellos de recuerdos. ¿Me lo estaba imaginando o era realidad? Todo era confuso y doloroso. ¿Es Dios cruel? No, por el contrario, desea nuestro bienestar; Él quería que empezara el proceso de sanación. Él trabaja de mil maneras; usó la psicoterapia, y sobre todo, su Santa Palabra para darle paz y ánimo a mi alma y a mi mente. Me resguardé en Jesús; fue mi luz, mi fortaleza, mi refugio. Alabo el nombre de Jesús porque en Él está la solución de nuestros problemas. Durante ese tiempo, yo leía mucho los Salmos y los evangelios; las oraciones del rey David, el cual sufrió depresión me consolaban y me daban paz. No, la depresión no es falta de fe, también el profeta Elías padeció depresión y deseó la muerte a pesar de ser un gran profeta de Dios.

Ese tiempo ha sido el más oscuro de mi vida, pero fue allí cuando Dios se hizo mucho más real y estuvo más cerca de mí; puedo decir que esa experiencia aumentó mi fe. Estaba de vacaciones, así que oraba, varias veces todos los días, como jamás he orado en mi vida, y sentía la presencia de Dios. Debido al intenso dolor emocional, me encerraba en un cuarto y tirada en el suelo sobre un tapete, llorando, derramaba mi alma ante Dios; entonces Él, amorosamente derramaba su paz sobre mí. Déjame decirte también, que durante ese tiempo, me di cuenta de la lucha que existe entre el bien y el mal por mi alma. Así como sentía la presencia de Dios, también cuando me daba un ataque de ansiedad o cuando sentía que la tristeza extrema se apoderaba de mi, podía sentir una presencia maligna. Satanás sabe cuando somos más vulnerables y nos ataca con ahínco para destruirnos. Repentinamente, empezaba a tener recuerdos dolorosos como si alguien me los recordara. Descubrí que aunque estuviera llorando en esos momentos, si alababa a Dios cantando himnos que hablaran de la grandeza y santidad de Cristo, al instante la tristeza se alejaba y ese ambiente pesado se esfumaba. También, durante ese periodo de tiempo, escuchaba ruidos en la casa cuando estaba sola y tenía la impresión de que mi esposo había llegado a casa, iba a revisar y no había nadie. Yo no tenía miedo porque estaba segura de que Dios me protegía. La última vez que escuché ruidos (sonido de una puerta que se abre con la llegada de alguien o el ruido de la puerta del garaje que se abría) fue un día que estaba sola con mi perrita en la sala y mi casa estaba en remodelación. Esa vez fue diferente. Había un plástico colgando del techo para cubrir una zona del cuarto y un ventilador que movía levemente el plástico. De repente, el sonido del plástico a mis espaldas empezó a aumentar cada vez más y más; mi perrita estaba viendo algo, pero yo no quise voltear por si acaso veía algo, no quería asustarme. Entonces, confiada en que Dios es más poderoso que el diablo y Dios está conmigo, dije en voz alta: —En el nombre de Jesús, vete de esta casa, Dios ya me perdonó; la sangre de Cristo me limpia. Le pertenezco a Él. Luego, oré: —Padre Santo, defiéndeme y protégeme. Y, al instante, el ruido cesó. Amigo, el mundo espiritual es real. Mas, "...mayor es el que está en vosotros que el que está en el mundo". (1Juan 4:4) No temas, cree en Dios.

Si estás en depresión, ¡no te aísles! Por favor, habla con alguien maduro que no te juzgue. Escribe tus sentimientos y los hechos, no tengas temor, es doloroso, pero empieza el proceso de sanación; puedes escribir y después romper el papel. Habla con Dios. Ve a consejería, pero si tu presupuesto no lo permite por el momento, únete a una iglesia, habla con el pastor y asiste a un grupo de apoyo mutuo; necesitas un lugar seguro donde expresarte. El grupo de oración, de la iglesia, al que pertenezco me brindó apoyo, amistad y amor cristiano. Ellos sin saber que me pasaba, oraban por mí; eso llenaba mi tanque emocional y me daba energía.

Tengo la plena seguridad de que sin un Poder Superior, no habría sobrevivido; y sé que fue mi Padre Celestial el que me guió durante el proceso y todavía me sostiene cuando el recuerdo me quiere atormentar.

Como dije, la restauración, que es un proceso largo, empezó a dar fruto con mi última consejera, la cual utilizó un método que se usa en casos de trastorno de estrés postraumático (PTSD por sus siglas en inglés). En mi caso, funcionó la terapia de Desensibilización y Reprocesamiento por medio de Movimientos Oculares [EMDR en inglés] y pastillas que tomé por casi tres meses. Las pastillas me ayudaron bastante a poder llevar a cabo la terapia de conversación acerca del trauma, pero hay que tener cuidado porque la medicina puede causar cambios no deseados en el cerebro en algunas personas. (Yo dejé la medicina en un periodo de dos semanas, tomando una pastilla cada otro día, porque empecé a escuchar, por las mañanas, un sonido fuerte en mi cerebro que me despertaba varias veces por semana. Esto continuó aún después de abandonar el medicamento pero ya de forma débil y muy aislada).

La terapia de Desensibilización y Reprocesamiento, [EMDR], tiene como objetivo que los dos hemisferios del cerebro se comuniquen el evento traumático al mover los ojos de un lado al otro mientras uno piensa en el trauma. Pero, uno debe de tener un lugar seguro, en su mente, a donde recurrir en el momento cuando el estrés sube al máximo. Cuando uno se siente seguro y tranquilo nuevamente, continúa la terapia. Dependiendo del caso, se necesitan dos o más sesiones; busca a un especialista con experiencia en esta técnica para que te guíe de forma segura.

Vuelvo a recalcar lo imprescindible que es hablar del trauma porque evitar pensar y hablar del evento traumático significa que no se está procesando la experiencia y continuará causando angustia. Es necesario comprender mejor nuestro pensamiento y cómo el pensamiento afecta nuestras emociones y acciones.

Para resumir, no estoy diciendo que debes estar recordando todo el tiempo el trauma porque en realidad, eso es lo que lleva a uno a la depresión. Debes de hablarlo con un terapista para sanar la herida. Así que evita sumirte en los recuerdos dolorosos; tampoco estoy diciendo que uses los métodos que muchos usan para distraerse (comida, alcohol, droga, trabajo, compras, juegos o televisión). Una vez más, no ignores el problema ni te enfoques en él; al contrario, ¡enfréntalo de una vez por todas! Y, aunque sientas que tu situación nunca va a cambiar, confía en Dios y aférrate a sus promesas. Entre más lo busques de todo corazón, empezarás a experimentar sanación. ¿Por qué? Porque tu enfoque ya no será tu dolor o la adicción sino Jesús quien tiene el poder para cambiar no solamente tu mente, sino tu vida. Al principio no te resultará fácil porque científicamente está demostrado que en nuestros cerebros se forman canales por la repetición de nuestros pensamientos. Así que si tienes mucho tiempo pensando de forma negativa, necesitarás empezar a crear un nuevo canal de pensamientos positivos que te ayudarán a crear nuevas formas de comportamiento. Somos lo que pensamos. Ya has intentado cambiar solo(a) y has fracasado; es hora de buscar ayuda profesional y sobre todo al que lo puede todo, a Jesucristo.

También te recomiendo que empieces una rutina de ejercicio ya que aumentará las endorfinas en tu cerebro y te sentirás mejor, duerme temprano (9 pm) y ten una dieta saludable, camina bajo el sol (la vitamina D te ayudará a tener buen ánimo) y únete a una iglesia donde se predique toda la Biblia y glorifiquen a

Jesús. En la iglesia yo encontré amistad y el grupo de oración me ayudó a fortalecer mi fe en Dios. Además, al involucrarme y servir al prójimo dentro y fuera de la iglesia, me dio un sentido de propósito.

De vez en cuando, los recuerdos vuelan a mi alrededor como pájaros y pretenden hacer de mi mente su hogar, pero inmediatamente recuerdo que Dios ya me perdonó y que Él tiene un plan para mi vida y me enfoco en sus promesas [por eso es importante leer la Biblia, para poder conocer esas promesas que dan aliento y fortaleza]. Dios te ama, es real y desea tu felicidad. Yo elijo creerle a Aquél que dice cosas buenas de mí. Haz lo mismo, ya no le creas a las voces de aquéllos que en tu niñez [o tu propia voz] decían que no llegarías a nada porque no tienes valor o que eres menos por los errores cometidos; rechaza todo pensamiento negativo. Eres una joya valiosa con un gran porvenir, eso no significa fama y riquezas, significa paz, gozo, y una gran satisfacción al vivir tu vida. Sea lo que sea por lo que estés pasando o lo que hayas sufrido. Aférrate a la vida; el mundo te necesita. Nunca actúes de forma impulsiva. Ahora me siento bien; pero en ese entonces, tal vez igual que tú, sentía que no había esperanza. Si yo me hubiera suicidado, no habría escrito este libro ni ayudado a personas en necesidad. Dios te puede usar; eres valioso/a. Tú puedes ayudar a otros que estén pasando por lo que tú ya pasaste y ese puede ser tu ministerio.

Si tú no padeces de depresión, eres afortunado ya que hay más de 17 millones de adultos que han experimentado un episodio de depresión mayor. De todos modos, necesitamos educarnos para poder reconocer los factores de riesgo y poder apoyar a aquéllos afectados por la depresión. La Clínica Mayo, tiene algunas recomendaciones:

Si Tienes Pensamientos Suicidas:

Si crees que puedes llegar a lastimarte o intentar suicidarte, pide ayuda sin demora:

- Llama al 911 (U.S.A.) o al número local de emergencias de inmediato.
- Llama a la Línea Nacional de Prevención del Suicidio al 1-800-273 TALK (1-800-273-8255) o a través del Internet: suicidepreventionlifeline.org/chat.
- Busca ayuda de tu médico.
- Acércate a un amigo íntimo o a un ser querido.
- Ponte en contacto con un Pastor, un líder espiritual u otra persona de tu comunidad religiosa.[16]

Tu vida es preciosa. Puedes superar eso que te agobia. No te des por vencido. «Hubiera yo desmayado, si no creyese que veré la bondad de Jehová en la tierra de los vivientes« (Salmo 27:13).

Te invito a hacer esta oración:

Padre Celestial,

Vengo ante ti porque necesito tu ayuda. Reconozco que solamente Tú puedes quitarme toda angustia y dolor. Hazme entender en donde necesito sanación y muéstrame la verdad. Trae a mi mente cualquier cosa que esté oculta que le haya causado dolor a mi corazón. Ayúdame a confiar en ti plenamente, aumenta mi fe. Líbrame de (menciona tu necesidad).

En el nombre de Jesús,

Amén.

EL PERDÓN

El odio provoca peleas, pero el amor perdona todas las faltas. Proverbios 10:12 (DHH)

Todos la conocían por Tere. Era una mujer alegre; bromeaba, reía a carcajadas fácilmente y era muy sociable. Las vecinas disfrutaban de su compañía, iban a platicar con ella o si ella estaba afuera barriendo el frente de su casa, se detenían a conversar por un buen rato. Era notable que tenía buen corazón, le gustaba ayudar al necesitado y también, compartir comida con sus vecinas. Cuando pasaba por la calle un indigente y le pedía alguna ayuda, ella rápidamente le preparaba un almuerzo; y al ver a los limosneros en la calle, se conmovía su corazón y siempre tenía unas monedas listas para dárselas. Tere también era talentosa. Su gran pasión era la música; tenía una voz melodiosa, afinada y fuerte. Ella disfrutaba cantar todo el tiempo y sobre todo en ocasiones especiales. No era raro ver que con frecuencia Tere tuviera una fiesta en su casa. En su juventud, a finales de la década de los 50's, ella grabó varios discos de vinilo; pero, a pesar de tener un futuro prometedor, prefirió una vida hogareña en lugar de buscar la fama.

Su vida no fue fácil, Teresa quedó huérfana de padre durante su adolescencia y se vio forzada por las circunstancias a trabajar para sostener a su madre. Después, al mudarse a otro estado de México, se hizo cargo total de sus dos sobrinos pequeños por un tiempo. Al transcurrir los años, ya casada y con siete hijos, la vida se tornó abrumadora para ella. Tristemente, a pesar de ser una buena persona, Teresa hacia frente al estrés de la vida con el alcohol. Estaba casada con Rafael, un hombre noble de buenos sentimientos, responsable y muy trabajador. Él era reservado, aunque tenía buen sentido del humor; y como dice una expresión común, tenía la paciencia de un santo. Mientras él era tranquilo, ella era una chispa, con un vocabulario que haría enrojecer de vergüenza a los marineros de antaño.

Por largos años parecía que los dos vivían felices, aunque pasaron tiempos de necesidad. Algo que opacaba la felicidad de Teresa era que tenía un gran defecto, como todos nosotros imperfectos mortales, Tere era orgullosa y se le dificultaba perdonar fácilmente. El enojo y el resentimiento arruinaban la armonía en sus relaciones y en el hogar. Cuando se enojaba, le daba el trato del silencio a su marido por días, y los hijos andaban con cuidado para no molestarla. El alcoholismo y el coraje reprimido y el dolor que arrastraba desde su juventud la hacían ser abusiva. Ella era una buena persona, deseaba cambiar, pero era víctima de esa enfermedad.

El tiempo siguió transcurriendo, y por fin, se quedaron con el nido vacío. Durante ese periodo de tiempo, ella insultaba a su esposo de forma vergonzosa. Rafael pacientemente soportó todo el abuso verbal y emocional, y por amor a ella y a sus hijos no abandonó su hogar, hasta que hubo una crisis. Entonces, él se fue de la casa. Al verse sola, ella por fin vio su realidad y su necesidad de cambiar.

Teresa aceptó pasar por un proceso de desintoxicación y una invitación a un estudio de Biblia. Al escuchar el mensaje, la voz del Espíritu Santo la tocó y entre lágrimas de dolor y arrepentimiento, aceptó a Jesús como su Salvador. Recibió el perdón de sus pecados, sus cadenas fueron rotas y lo que todos pensaban que nunca sucedería, ocurrió: ¡Fue librada de las garras del alcoholismo! Tere entregó su vida a Dios, su esposo regresó a casa y los dos fueron bautizados. Estaban gozosos, tenían el gozo de la salvación. Tristemente, al año de su regreso y de su bautizo, Rafael falleció. ¡Qué pérdida de tiempo y de oportunidades de amar y ser amado trae el guardar rencor y vivir con resentimiento!

Es imprescindible dejar el orgullo a un lado para poder perdonar y disfrutar de buenas relaciones con los que nos rodean, y sobre todo, con nuestros seres queridos. La vida es demasiado corta como para vivir con enojo en el corazón. Te reto a que desarrollemos y valoremos conexiones sanas y estrechas con familiares y amigos donde reine la humildad y el amor sincero.

¿Qué es el Perdón?

Imagina que tú vas manejando y por un descuido, chocas con el automóvil que estaba parado en la luz roja. Por el impacto, éste fue empujado hacia enfrente golpeando a un peatón que iba cruzando la calle. Tú no tienes aseguranza y por el momento no tienes trabajo ni dinero. Te llega una demanda por $25,000 dólares para cubrir los gastos de hospital de la persona lastimada. Te llevan a corte y se te pide que pagues todo en un periodo de 3 meses o cumplirás una sentencia de 9 meses en la cárcel. Pasa el tiempo que se te dio para reunir el dinero, ahora debes de pagar o ir a la prisión. Tú estás estresado porque todavía no has podido conseguir el dinero. Esperas lo peor. Entonces inesperadamente, te llega una carta en donde se te comunica que tu deuda ha sido perdonada, ya no debes nada. Ya no se espera que pagues tu deuda, has sido librado de una culpa. ¡Eres libre! Creo que exclamarías: —¡Aleluya!

Perdonar es que te cancelen la deuda que tienes por algún error cometido. Perdonar es que *tú* canceles la deuda que te deben a ti por una acción cometida en tu contra, una ofensa, un maltrato, un abuso. Perdonar es dejar en libertad al que merece castigo. (No estamos hablando de justicia criminal, donde si alguien quebranta la ley, amerita ir a la cárcel). Hablo de la falta de perdón, del resentimiento, que te quita la libertad.

'El perdonar es una decisión; o sea que no tienes que esperar a sentir el deseo de perdonar a quien te ha herido. Perdonar no es aguantar y aceptar que te sigan maltratando, y tampoco es negar el sufrimiento que te han causado. Perdonar es dejar de esperar que se disculpen y renunciar al derecho que tienes de vengarte o de estar resentido o enojado'. «Cuando perdonas, dejas de enfocarte en la herida y en la ofensa; ya no repasas con odio los recuerdos». (Hunt, Forgiveness). [13]

¿Por qué debemos perdonar?

¿Por qué perdonar? Porque Jesús nos perdonó. Él pagó con su vida por nuestros pecados muriendo en la cruz (pagó tu deuda y la mía). Recuerda, la paga del pecado es la muerte (y todos hemos pecado). Cristo vino a tomar tu lugar y el mío para que no tuviéramos que estar separados de Dios. Perdonar es extender la misma gracia que recibimos. La gracia de Dios es el perdón que no merecemos y que se nos da gratuitamente.

¿Por qué debemos deshacernos del resentimiento?

No debemos aferrarnos al resentimiento porque si no perdonamos estaremos estancados emocionalmente repasando la ofensa constantemente y seremos presa, involuntariamente, del ofensor. Cuando uno no perdona, no quiere sentirse culpable ante Dios así que la persona usa inconscientemente la táctica de culpar a otros y sentirse la víctima. Ora para que Dios te deje ver si ese es tu caso; no te conviertas en ofensor, pues la palabra de Dios dice en San Lucas 6:37 «No juzguen a otros, y Dios no los juzgará a ustedes. No condenen a otros, y Dios no los condenará a ustedes. Perdonen, y Dios los perdonará».

Analiza tu comportamiento y ve si hay resentimiento en ti por no perdonar. Si lo hay, *serás rápido en juzgar y criticar, tendrás un espíritu negativo y tal vez hasta repitas con frecuencia en tu mente la ofensa; esto te mantiene enojado o escondiendo un corazón endurecido por el rencor* (Hunt 2013). Si esto se aplica a ti, estás en peligro; ve a Jesús y pídele que te ayude a perdonar. Hazlo hasta que sientas que el amor de Cristo ha reemplazado el rencor o enojo; hasta que puedas ver y hablar de esa persona con cariño y respeto.

¿Recuerdan a Teresa? Ella tenía un espíritu de resentimiento y por ese motivo ella abusaba verbalmente a su marido. Quien no perdona guarda amargura en su alma y hostilidad hacia la persona que lo ofendió.

«El ofendido usará oportunidades para difamar al ofensor compartiendo sus errores en público. Si tú no has perdonado a alguien, te sentirás irritado fácilmente hacia todo lo que dice y hace la persona que te ofendió. Debemos deshacernos del resentimiento porque si no, nos invadirá la negatividad »(Hunt, Forgiveness 28- 30).[13]

También, la persona que no ha perdonado se involucra en chismes o los crea. Charles Spurgeon dijo que la persona que propaga chismes, derrama veneno que daña al que lo escucha, a sí mismo y a la víctima. Aun si tú tienes la razón, elige no pecar con tu boca. Es necesario perdonar porque 'si no perdonamos, Dios no nos puede perdonar', Mateo 6:15; y no podremos crecer espiritualmente. Dios te ha perdonado mucho, haz lo mismo, mira a la cruz. No permitas que el orgullo te lo impida.

Un Asunto Serio

Si te han lastimado profundamente y no has perdonado, tienes una herida viva, aun si han pasado años. Debes perdonar, no porque la otra persona lo merezca sino porque tú eres el más afectado. Si tú no perdonas y guardas rencor, tienes al ofensor en una prisión, pero no está solo. Tú estás también adentro de la cárcel, pero solamente tú tienes la llave para dejar salir a los dos. Ella o él no merece la libertad, pero tú sí, mas no la tendrás hasta que perdones. Si te niegas a perdonar, significa que tienes ira no resuelta; eso se convierte en una fortaleza en tu mente y Satanás se aprovecha de eso. Estás en una guerra espiritual. Debes de reconocer que la guerra por tu libertad se pelea en tu mente. Necesitas controlar tus pensamientos; rechaza toda ira y entrégale a Dios tu resentimiento y dolor. Yo he pasado por ese proceso y sé que no es fácil, pero debes hacerlo, por tu bien. Pero, para poder sanar, debes de sentir el dolor, no negarlo. Debes odiar el pecado, pero no al pecador; reitero, el perdonar no es un sentimiento sino una decisión. Si eres padre o madre, ¿qué legado dejarás a tus hijos, uno de amor genuino o uno de resentimiento y rencor?

Un Día a la Vez

El perdonar te empodera para recuperar la vida que debías tener. ¿Qué quiero decir con esto? Estamos en una lucha espiritual, lo creas o no. Satanás hace todo lo posible para tenerte enfocado en el pasado, ya que de esa forma estarás derrotado y no alcanzarás lo que Dios tiene para ti, un futuro de éxito y libertad. Dios te ama y el enemigo te odia y su objetivo es desanimarte, susurrándote al oído que no puedes progresar por el daño que se te hizo. Debes rehusarte a escuchar su voz. En vez de eso, escucha la voz de Dios que te anima asegurándote que sí puedes, a pesar de lo que te pasó.

El enemigo te define por tu pasado para confinarte, para encarcelarte. Pero Dios te libertará, acércate a Dios y Él te mostrará quien eres en verdad al dirigirte hacia tu futuro. Aprende de tu pasado pero no vivas en él; no te la pases pensando: ¿Qué hubiera pasado si...? ¿Por qué...? Si sientes como si debieras estar más avanzado en tu vida a estas alturas; más adelantado en tu carrera, en tus relaciones, en tus finanzas o en tu salud emocional y espiritual; analízate y ve si estás mirando hacia atrás al pasado o hacia el futuro. Perdona cada día y permite que sanen tus heridas; no te concentres en las cicatrices que te ha dejado el pasado, enfócate en tu nuevo comienzo. Vive en el presente (Evans, 2015 p. 15, 16). [7]

Vive un día a la vez. Con el tiempo, recordarás lo sucedido, pero ya no sentirás dolor. Si es necesario, busca ayuda psicológica y a la vez refúgiate en Dios.

«Yo sé los planes que tengo para ustedes, planes para su bienestar y no para su mal, a fin de darles un futuro lleno de esperanza. Yo, el

Señor, lo afirmo» Jeremías 29:11(DHH).

Si quieres empezar hoy tu sanación, te invito a hacer esta oración:

Padre Celestial,

He vivido por mucho tiempo con estas heridas del pasado. Ya no deseo seguir pecando al vivir en resentimiento por el daño que he sufrido (o al vivir en remordimiento por los pecados que he cometido). Sé que no hay nada imposible para ti; y me puedes sanar. Ayúdame a rechazar todo pensamiento negativo. Te entrego mi dolor, mi coraje y resentimiento, y escojo perdonar a quienes me han lastimado… Dame de tu poder para vencer. Guía cada decisión que tome y ayúdame a ser la persona que Tú quieres que sea. En el nombre de Jesús. Amen.

UN REINO SIN IGUAL

Y el que estaba sentado en el trono dijo: He aquí, yo hago nuevas todas las cosas. (Apoc. 21:5)

En un reino muy lejano, fuera de este mundo y de esta galaxia, un anciano Rey gobernaba con sabiduría, justicia y poder. Su reino era como ningún otro conocido por el hombre. Allá solamente existían la bondad, la armonía y la belleza. Todo estaba meticulosamente diseñado. Delante del trono blanco, estaba algo que 'parecía un mar de vidrio semejante al cristal' y arriba del trono había una luz de múltiples colores semejante a un arcoíris. Los súbditos del Rey, 'una multitud incontable', le servían con placer y 'ejecutaban rápidamente su voluntad' inspirados por el amor con que reinaba. En ese lugar, donde predominaba la paz, todos los ciudadanos eran felices; ya que la ley del amor era el fundamento de ese gobierno. Cada uno de ellos trataba con respeto y afecto a otros, siguiendo el ejemplo de su Gobernante. Allí no existía el anarquismo, todos servían al Monarca voluntariamente y con libertad.

El Rey tenía un solo hijo, al que llamaban Príncipe de Paz; éste poseía el mismo carácter y naturaleza que su padre; en Él estaban reunidos toda la bondad y el amor que puedan existir. Al estar ante

Su presencia, uno se sentía en completa calma al ver su mirada tierna y pura. Y, aunque era manso de corazón, tenía un espíritu valiente. El Príncipe era el único que participaba en toda decisión y designio con el Padre; ellos gobernaban como uno. Pero, el Príncipe era el que llevaba a cabo toda acción creadora; Él era el arquitecto magistral.

Entre la Corte que servía al Rey, se hallaba uno que gozaba del más elevado estatus; lo llamaban 'Hijo de la Mañana' por sus cualidades únicas. Su vestimenta era hermosa, llena de piedras preciosas y gozaba del privilegio de estar ante el Rey en todo tiempo. Él era el director del coro que deleitaba al excelso Monarca y era el más destacado y honrado por su talento supremo y gran sabiduría (se podría decir que era *perfecto*). Todos en el reino lo admiraban. Mas sin embargo, algo comenzó a nublar su felicidad. Pese a que él poseía todo para ser feliz, empezó a envidiar el honor del que gozaba El Príncipe; se veía a si mismo capaz de estar en la misma posición que Él. Lucero, como realmente se llamaba, llegó a desear ser parte de la realeza y poder tomar decisiones como el Príncipe; incluso deseó llegar a tener un trono como el Rey Supremo. 'Su corazón se enalteció y se llenó de orgullo' y dijo:

"Subiré a lo alto, y por encima de las estrellas del Rey levantaré mi trono, Y me sentaré en el monte de la asamblea".

Por un tiempo, batalló con esos sentimientos, pero con el transcurso del tiempo, un resentimiento nació en su corazón. No sabía que lo que albergaba dentro de sí era rebelión y que era como un virus que si no se contiene a tiempo, tiene el potencial de infectar a muchos y convertirse en pandemia (ya que era algo nuevo en ese lugar ¡jamás había existido en ese reino codicia, ni mucho menos maldad!). Por fin, él cedió a la malicia olvidando que todo lo que era y tenía eran gracias a la bondad y al amor del Rey. Se vanagloriaba de su fama y encumbramiento y aspiraba ser igual al Rey, deseaba ese mismo poder y autoridad y anhelaba que lo adoraran.

Poco a poco, empezó a difundir rumores acerca de la injusticia del Rey y a crear duda en las mentes, primero de los integrantes del coro, luego de todo aquel que lo conocía. Muchos no daban cabida a esa idea absurda, pero otros se contaminaron con la duda. Lucero continuó con el plan de obtener el apoyo de los habitantes del reino. Él 'alegaba sus derechos de recibir mayor honra que la que gozaba'; expresaba que era una injusticia negársela. Además, 'declaraba que las leyes eran innecesarias, ya que todos se comportaban de forma recta'. Él buscaba el apoyo de todos para lograr su objetivo, y por eso *mentía* asegurando que deseaba la libertad de todos. Usando astutamente 'engaños sutiles', Lucero consiguió un séquito de la tercer parte de los habitantes del reino.

Durante ese periodo, el Príncipe y el Rey estaban al tanto de lo que ocurría y con paciencia y amor buscaron, por mucho tiempo, hacer que Lucero entrara en razón. Pero al ver que él continuaba engañando a sus oyentes y al notar la desarmonía que esto provocaba en el reino, se le advirtió que 'de seguir con esa rebelión, él y sus seguidores serían expulsados' del reino. Uno pensaría que esa sería la solución para terminar con el problema, pero '*el orgullo*' de Lucero era mayor que el temor de la consecuencia. No se arrepintió ni se humilló ante su Creador y por eso el querubín protector de Dios, Lucifer, fue expulsado del cielo con una tercera parte de los ángeles. (Cuento basado en los libros de Isaías, Ezequiel y Apocalipsis, de la Santa Palabra de Dios y en el capitulo 1, El Origen del Mal, Patriarcas y Profetas 11-23)[35]

«Tú eras el sello de la perfección, lleno de sabiduría, y acabado de hermosura. En Edén, en el huerto de Dios estuviste; de toda piedra preciosa era tu vestidura; de cornerina, topacio, jaspe, crisólito, berilo y ónice; de zafiro, carbunclo, esmeralda y oro; los primores de tus tamboriles y flautas estuvieron preparados para ti en el día de tu creación.

Tú, querubín grande, protector, yo te puse en el santo monte de Dios, allí estuviste; en medio de las piedras de fuego te paseabas. Perfecto eras en todos tus caminos desde el día que fuiste creado, hasta que se halló en ti maldad. A causa de la multitud de tus contrataciones fuiste lleno de iniquidad, y pecaste; por lo que yo te eché del monte de Dios, y te arrojé de entre las piedras del fuego, oh querubín protector. Se enalteció tu corazón a causa de tu hermosura, corrompiste tu sabiduría a causa de tu esplendor; yo te arrojaré por tierra...» (Ezequiel 28:12-17).

«¡Cómo caíste del cielo, oh Lucero, hijo de la mañana! Cortado fuiste por tierra, tú que debilitabas a las naciones. Tú que decías en tu corazón: Subiré al cielo; en lo alto, junto a las estrellas de Dios, levantaré mi trono, y en el monte del testimonio me sentaré, a los lados del norte; sobre las alturas de las nubes subiré, y seré semejante al Altísimo. Mas tú derribado eres hasta el Seol, a los lados del abismo» (Isaías 14:12-15).

Porque los ángeles del cielo no estaban preparados para entender el pecado y sus consecuencias, Dios decidió no exterminar a Lucero, o sea a Satanás. Si lo hubiera destruido, muchos habrían servido a su Creador por temor y no por amor.

¿Por qué existe el mal y el dolor?

Lucero había declarado que 'nunca más reconocería la supremacía de Jesús', el Príncipe de Paz. De ese momento en adelante se convirtió en Satanás (significa enemigo) el 'adversario' de Dios y de todos aquellos que deciden amar y seguir a Dios y a Jesús. [35]

«Y fue lanzado fuera el gran dragón, la serpiente antigua, que se llama diablo y Satanás, el cual engaña al mundo entero; fue arrojado a la tierra, y sus ángeles fueron arrojados con él» (Apocalipsis 12:9).

Tú y yo estamos en medio de una guerra feroz entre el bien y el mal. Y somos blanco de Satanás. ¿Sabes que la forma de lastimar a alguien de la manera más profunda es lastimando a sus hijos? Y por eso, Lucifer engañó e hizo caer en pecado a Adán y a Eva, los hijos de Dios, y por ende, a la raza humana.

«La serpiente era más astuta que todos los animales salvajes que Dios el Señor había creado (y le permitió a Satanás ser su instrumento para la venganza), y le preguntó a la mujer:

—¿Así que Dios les ha dicho que no coman del fruto de ningún árbol del jardín? Y la mujer le contestó: —Podemos comer del fruto de cualquier árbol, menos del árbol que está en medio del jardín (Dios deseaba probar su lealtad y obediencia). Dios nos ha dicho que no debemos comer ni tocar el fruto de ese árbol, porque si lo hacemos, moriremos. Pero la serpiente le dijo a la mujer: —No es cierto. No morirán» (Genesis 3: 1-4 DHH).

El enemigo ha usado esa misma táctica por siglos, ¡porque funciona! Te hace dudar de la verdad y promete darte algo que te dará satisfacción. Le dijo a Eva que serían como dioses; el deseo de ser y hacer lo que uno quiere sin dar razón a ningún Ser Supremo es atractivo y seductor para muchos. A otros les pone tentaciones: el alcohol, el sexo, la comida, el chisme, la avaricia... en fin. Te miente, prometiéndote algo que deseas, quizás libertad o diversión (y sí, te diviertes por un tiempo, pues el pecado es atrayente y da placer), pero no te dice que las consecuencias serán separación de Dios, dolor emocional, enfermedad y muerte.

El pecado le acarreó la muerte y separación de Dios a toda la raza humana. La ley de Dios exige que el pecado, la transgresión de la ley, sea pagado con la muerte de un ser humano. El Creador le había dado la existencia a Adán y a Eva con el fin de que vivieran eternamente, ellos y su futura descendencia. Pero al desobedecer, tenían que pagar la consecuencia. Dios les dijo que no comieran de ese árbol o morirían. Aunque no murieron en ese preciso momento, eventualmente sucedió.

Pero Dios en su infinito amor, preparó una intervención divina: el Plan de Salvación. El rescate de la muerte eterna vendría a través de la muerte del Hijo de Dios, hecho hombre, para pagar la deuda. Jesús tomaría el lugar del ser humano; se arriesgaría a tomar la condición humana y vivir una vida perfecta sin usar su divinidad. Recuerda que Satanás está en este planeta. Así que trató de matar a Jesús cuando era niño a través del rey Herodes; luego intentó hacerlo pecar para echarle a perder su plan. Y aún antes de su muerte, lo atormentó, susurrándole al oído mentiras para desanimarlo. Jesús en su humanidad, clamaba a su Padre:

«... diciendo: Padre mío, si es posible, pase de mí esta copa; pero no sea como yo quiero, sino como tú» (Mateo 26:39). «Y estando en agonía, oraba más intensamente; y era su sudor como grandes gotas de sangre que caían hasta la tierra» (Lucas 22: 44).

Jesús era humano y sentía angustia ante lo que se aproximaba, mas sin embargo, fue mayor su amor por ti y se sometió humildemente a la voluntad de su Padre. El pagó un precio muy alto por tomar tu lugar. No rechaces su sacrificio. Él vino a proveer el único modo de salvación:

«Jesús le dijo: Yo soy el camino, y la verdad, y la vida; nadie viene al Padre, sino por mí» (Juan 14:6).

El Mal y el Sufrimiento

Algunos rechazan a Dios porque no entienden el origen del mal, y lo culpan porque han padecido maltrato, enfermedad, dolor o han sufrido la muerte de un ser querido; se les hace difícil aceptar a un Dios que permite el mal. *A Dios le importa tu dolor*. Jesús sufrió en carne propia y puede identificarse con tu sufrimiento. Tal vez pienses que Él no sufrió exactamente lo que te pasó a ti, pero en Él fueron puestos *todos* los pecados mientras moría en la cruz. «Y sin embargo él estaba cargado con nuestros sufrimientos, estaba soportando nuestros propios dolores» (Isaías 53:4). Él conoce tu dolor emocional y te ofrece sanación; Él conoce también tus pecados y te ofrece salvación; Él ve tu soledad, tu vacío y lo quiere llenar con Su Presencia y amor.

Esta es la clave: Dios creó a los ángeles y a todo individuo con libre albedrío; somos libres de elegir obedecer a Dios o desobedecerlo, de hacer el bien o de hacer el mal. Él no creó robots. Si ves a tu alrededor, es la elección de las personas el hacer el mal. Si Dios interviniera todo el tiempo, no existiría el mal y nadie moriría, pero entonces, no se podría descubrir el carácter pecaminoso de Satanás ni se cumpliría lo que Él mismo estableció; que la paga del pecado es muerte. El mal tiene su límite; Dios destruirá el pecado a Satanás, la maldad y la muerte no serán más. Pero, Él es tan misericordioso y paciente, pues no quiere que nadie muera eternamente sino que se arrepientan y vayan a Jesús. ¿Existe la injusticia en el mundo? Sí, pero Dios no es injusto, no puede hacer nada contrario a su carácter. Él no puede pecar; su naturaleza es amor.

"Vivimos en un mundo caído y por eso existen los desastres naturales, la enfermedad (aún en los niños) y la muerte" (Hunt, Evil & Suffering). [12] Recuerda que el enemigo de Cristo es nuestro enemigo y trata siempre de destruirnos con diferentes ataques, enfermedades, depresión, accidentes o adicciones, pero cualquier cosa que Satanás lance a nuestra vida, Dios lo puede usar para nuestro bien, aunque en el momento no lo entendamos. Eso puede acercarnos más a Él y hacernos más empáticos con aquellos que sufren. En esta vida, a todos nos toca sufrir, ni aún el Hijo de Dios se libró de padecer injusticia y violencia. Pero tome aliento tu corazón, Cristo te fortalecerá si clamas a Él. Jesús comprende tu angustia y dolor.

Si has sufrido, no permitas que el dolor te amargue y te aleje de Dios. En su lugar, pon tu confianza y fe en Él; espera pacientemente su ayuda. Consuélate en saber que «Dios ya inició el plan para eliminar la maldad; mas no será en esta vida. Aquí, Él quiere que venzamos el mal a través de Jesucristo. Jesús ya venció a Satanás en la cruz y sus días están contados» (Hunt, ibid.). [12] «El que venciere heredará todas las cosas, y yo seré su Dios, y él será mi hijo» (Apocalipsis 21:7).

Aunque a veces Él se mantiene en silencio durante nuestro periodo de sufrimiento y sintamos que nos ha abandonado, Él está a nuestro lado. No te alejes ni le des la espalda. Si persistes en buscarlo pacientemente, sentirás Su Presencia y verás su Poder en tu vida. Dios nos da a todos la oportunidad de aceptarlo o de rechazarlo. Mi ruego es que no deseches la oportunidad que te da. Jesús ha prometido regresar, y todo lo que promete, lo cumple. ¡Prepárate! Él viene por los suyos.

«En la casa de mi Padre hay muchos lugares donde vivir; si no fuera así, yo no les hubiera dicho que voy a prepararles un lugar. Y después de irme y de prepararles un lugar, vendré otra vez para llevarlos conmigo, para que ustedes estén en el mismo lugar en donde yo voy a estar» (Juan 14: 2,3 DHH).

Después de la resurrección y de haberse aparecido a sus apóstoles varias veces, Jesús los bendijo y se despidió de ellos mientras ascendía al cielo. Entonces, se les aparecieron unos ángeles: «y les dijeron:—Galileos, ¿por qué se han quedado mirando al cielo? Este mismo Jesús que estuvo entre ustedes y que ha sido llevado al cielo, vendrá otra vez de la misma manera que lo han visto irse allá» (Hechos 1:1 DHH).

Él viene. Y le adoraremos por la eternidad.

«Y de mes en mes, y de sábado en sábado, vendrán todos a adorar delante de mí», dice Jehová» (Isaías 63:23 RVR 1995).

Si deseas experimentar una relación con Dios y asegurarte de que tu nombre esté escrito en el Libro de la Vida, acepta a Cristo como Señor y Salvador.

Te invito a orar con sinceridad:

Padre Celestial,

Te pido que perdones mis pecados. Acepto que no puedo salvarme a mí mismo. Acepto a Jesús, el Hijo de Dios, como mi Salvador, creo que Él tomó mi lugar, murió por mis pecados y resucitó.

Ayúdame a vivir una vida limpia, de entrega
continua a Ti. Te entrego mi voluntad.

Guíame y ayúdame a servirte.

En Jesús, amén.

CONCLUSIÓN

Espero que las experiencias de intervención divina y las verdades bíblicas que he compartido te ayuden a disipar dudas y a creer en un Dios personal, en un Salvador que te ama incondicionalmente y que anhela que le entregues tu corazón. Jesús me llamó, como te llama a ti hoy. Amo a mi Salvador porque me acepta tal y como soy y porque dio su vida por salvarme. En Él encontré perdón, paz y esperanza. En ocasiones lo he sentido lejos. Pero, me mantengo firme, buscándolo en oración y en su Palabra; no me alejo. Dios me sigue transformando. Estoy lejos de ser perfecta, pero prosigo al blanco cada día, permitiendo que Cristo trabaje en mí.

Querido lector, Él tiene un plan maravilloso para ti, descúbrelo a Su lado. Nunca te des por vencido/a.

BIBLIOGRAFIA

Biblia de Estudio Holman, RVR1960. Nashville, Tennessee. Holman Bible Publishers, 2014.

Cuáles son las 5 fases del duelo y por qué no es algo que necesariamente tienes que dejar atrás. BBC Mundo. 26 de abril, 2018. www.bbc.com/mundo/noticias-43893550. Web. 16 de mayo, 2020.

Downey, D. Firestorm 2003: The story of a catastrophe. San Diego Union Tribune, (16 de noviembre, 2003). www.sandiegouniontribune.com/sdut-firestorm-2003-the-story-of-a-catastrophe-2003nov16-story.html . Web. 14 de mayo, 2020.

El asombroso cumplimiento de las profecías acerca de Jesús. Las Buenas Noticias. United Church of Christ. https://espanol.ucg.org/herramientas-de-estudio/folletos/la-verdadera-historia-de-jesucristo/el-asombroso-cumplimiento-de-las-profecias-acerca-de-jesus. Web. 24 de mayo, 2020.

Evans, Tony. 30 Days to Victory Through Forgiveness. Eugene, Oregon. Harvest House Publishers. 2015.

Hunt, June. Depression: Walking from Darkness into the Dawn. Carson, Ca. Aspire Press, Rose Publishing, 2013.

Hunt, June. Evil & Suffering... Why? Carson, Ca. Aspire Press, Rose

Publishing, 2010.

Hunt, June. Forgiveness: The Freedom to Let Go. Carson, Ca. Aspire Press, Rose Publishing, 2013.

Mayo Clinic. Enfermedad Mental. https://www.mayoclinic.org/es-es/diseases-conditions/mental-illness/symptoms-causes/syc-20374968. Web. 11 de junio, 2020.

Plan Personal Ante Desastres, Office of emergency services, County of San Diego. Impreso.

Rogers, Adrian. Is the Bible really the word of God? Love worth finding ministries, 2006. https://www.christianity.com/bible/authorship-and-inspiration/what-evidence-is-there-that-the-bible-is-in-fact-gods-word-11542346.html. 21 de mayo, 2020.

Stoner, Peter. Science Speaks. Ch. 3. 2005. http://sciencespeaks.dstoner.net/Christ_of_Prophecy.html. Web. 5 de julio, 2020.

Strobel, Lee. The Case for Christ, Grand Rapids, Michigan: Zondervan Press, 1998.

Torres, Arturo. Las cinco etapas de un duelo (Cuando un familiar fallece). Psicología y Mente. Web. nd. https://psicologiaymente.com/clinica/etapas-del-duelo, Web. 16 de mayo, 2020.

White, Elena G., Patriarcas y Profetas. Boise, Idaho. Pacific Press Publishing. 1991.